AF220551

Florian Horn

# MEIN KLEINES JAHRBUCH

# DER SICHERHEITSBRANCHE

## EREIGNISSE DER JAHRE 2018 BIS 2020

Bibliografische Information der Deutschen Nationalbibliothek:
Die Deutsche Nationalbibliothek verzeichnet diese Publikation
in der Deutschen Nationalbibliografie; detaillierte
bibliografische Daten sind im Internet über http://dnb.dnb.de
abrufbar.

Herstellung und Verlag: BoD – Books on Demand,
Norderstedt

ISBN: 978-3-7526-8768-2

# Inhaltsverzeichnis

> *Ab diesem Jahr hast DU die Wahl! Lese dich Jahr für Jahr durch oder suche dir deine Themen im Stichwortverzeichnis!*

# Stichwortverzeichnis

## A

# B

# C

Corona

# D

Dienstleistungen

# E

# F

# H

# K

# O

15

16

# P

# Q

# R

# S

# T

# V

# 1. Vorwort 2020

*„Ein Traumtänzer, Traumtänzer, Traumtänzer bin ich."*
*- Udo Jürgens –*

Was war das für ein A\*\*\*\*loch-Jahr?! Sämtliche Nachrichten waren von der Coronapandemie geprägt, unsere Sommerurlaube gecancelt und ob das Weihnachtsfest überhaupt in der Form stattfindet, wie wir es kennen, bleibt zu diesem Zeitpunkt ebenso fraglich.

Doch sehen wir das Positive im Negativen: Die Spinner, Hater und Verfassungsfeinde blieben nicht mehr im Verborgenen. Sie outeten sich öffentlich auf Demonstrationen und hatten auch kein Problem damit, ihr Gesicht in die Kamera zu halten, um über geheime Mächte, gequälte Kinder in irgendwelchen Kellern oder Zwangs-Chippen der gesamten Bevölkerung zu sprechen. Es identifizierten sich diejenigen ganz von selbst, die kein Problem hatten, mit Rechtsextremisten Hand in Hand für eine vermeintliche Rettung des Grundgesetzes einzutreten. Die kein Problem damit hatten, ihre Kinder in vorderster Front als Bollwerk gegen Wasserwerfer zu stellen.

Rechtsextremismus in jeglicher Couleur beschäftigte uns auch dieses Jahr erneut, wenn nicht sogar noch intensiver: Polizei, Bundeswehr und Feuerwehr. Immer ungeheuerlichere Meldungen gab es und die Politik sprach immer noch über Einzelfälle.

Ich wäre aber kein Traumtänzer, wenn meine Hoffnung für 2021 verloren ginge.

Ihr
Florian Horn

# 2. Vorwort 2019

Jedes Jahr gibt es unzählige Meldungen, die einfach nur an uns vorbeirauschen. Sie sorgen für kurze Diskussionen und Aufregungen, aber ist ihre Wirkung wirklich nachhaltig? Lernen wir als Sicherheitsverantwortliche aus den einzelnen Ereignissen und sorgen dafür, dass sich diese nicht wiederholen?

Wie schaffen wir es, aus der Nachrichtenflut diejenigen zu filtern, die für uns relevant sind und wie bringen wir diese in Verbindung mit vergangenen Ereignissen?

Mit dem kleinen Büchlein will ich diesen Fragestellungen begegnen und helfen, Zusammenhänge zu erkennen und Schlüsse daraus zu ziehen.

Mal mit spitzer Zunge, mal objektiv werden Ereignisse kommentiert, die ein positives oder negatives Bild auf die Branche werfen. Letztere werden wohl öfter hier auftauchen, auch vor dem Hintergrund, dass wir alle nur besser werden können.

Ein Teil der Erträge aus dem Verkauf des Buches wird gespendet werden, immer für einen Themenbereich, der im aktuellen Jahr im Vordergrund stand – 2020 für den Kampf gegen Rechtsextremismus.

Viel Spaß beim Lesen!

Ihr
Florian Horn

# 3. Das war das Jahr 2018[1]

## Verfahren

Das größte Verfahren gegen einen Geschäftsführer wegen Veruntreuung von 4,6 Millionen Euro begann 2018 gegen Tim L., Geschäftsführer der Sicherheitsdienst 24 GmbH – seine Entschuldigung: „Mit Beginn der Flüchtlingskrise & dem verbundenen Umsatzsprung durch die Betreuung mehrerer Einrichtungen lief die Sache aus dem Ruder.[2]" Im Laufe des Prozesses kamen weitere Details ans Licht: Drogenkonsum, Luxusautos und ausschweifender Lebensstil auf Mallorca. Das Gericht urteilte: 4 Jahre und 10 Monate[3]. Im Juli kam er gegen eine Kaution in Höhe von 150.000 Euro auf freien Fuß, woher das Geld kam, fragten sich viele[4].

Im April führte das Ordnungsamt Köln beim Sicherheitsdienst des Fußballclubs 1. FC Köln eine Gewerbeüberprüfung durch, das Ergebnis: 560 Mitarbeiter überprüft, 150 mit branchennotwendiger Qualifikation, 410 Mitarbeiter waren reine Servicekräfte ohne Ausbildung. Die kurze Diskussion, wie die Anforderungen der GewO und des DFBs umgesetzt werden sollen, verlief – wie wir noch so oft im Rückblick sehen werden – im Sande[5].

Im Mai dann die nächste kleine Hoffnung, dass nun die Behörden stärker gegen schwarze Schafe in der Sicherheitsbranche vorgehen, als der Zoll und die Staatsanwaltschaft in Rostock zehn Standorte einer

---

[1] Das Jahr 2018 wird entgegen der nachfolgenden Jahre noch themenspezifisch zusammengefasst.
[2] https://www.lokalo24.de/lokales/kassel/geht-veruntreuung-ueber-vier-millionen-euro-jetzt-spricht-ex-sicherheits-boss-9764331.html
[3] https://twitter.com/kassellive/status/1008742130620227584
[4] https://twitter.com/HNA_online/status/1019270249819058178
[5] https://www1.wdr.de/nachrichten/rheinland/fc-koeln-sicherheitsdienst-qualifikation-100.html

Sicherheitsfirma wegen Vorwürfen zur Vorenthaltung und Veruntreuung von Arbeitsentgelten durchsuchten[6]. Als aber zeitgleich solche Meldungen aus Cottbus kamen, war das Licht der Hoffnung schnell erloschen: 52 Unternehmen mit 2000 Beschäftigten seien hier gemeldet, man munkelt, dass es sei in der Branche bekannt sei, dass die Verwaltung hier rasch Zuverlässigkeitsbescheinigungen ausstelle[7]. Brandenburg allgemein hat ein Problem: Bei 13 Wachschutzfirmen in Südbrandenburg seien „Querverbindungen zur rechtsextremen oder zur Hooliganszene" dokumentiert[8].

Wie viel jedoch in einer Grauzone oder ganz im unzulässigen Bereich geschah, zeigte eine Razzia im Juli bei einem Sicherheitsdienstleister, der für die Landeserstaufnahmestelle Donauwörth tätig war. Hier wurde erneut wegen Betruges, aber auch wegen Freiheitsberaubung und Körperverletzung gegen Mitarbeiter des Unternehmens ermittelt[9].

Im November begann dann der Mammutprozess „Burbach" gegen 30 Sicherheitsmitarbeiter und zwei Betreuer wegen gefährlicher Körperverletzung, Freiheitsberaubung und Nötigung in 54 Fällen. Störer wurden in ein sogenanntes „Problemzimmer" gesperrt und dort physisch als auch psychisch misshandelt. Der mehrere Jahre andauernde Prozess zeigte ein Bild des Versagens aller Beteiligten in dem Umgang mit den Auswirkungen der „Migrationskrise". Auch wurden Vorwürfe gegen Polizeibeamte erhoben, die das sogenannte „Problemzimmer" gekannt hätten. Besonders grausam, der Fall

---

[6] http://www.ostsee-zeitung.de/Mecklenburg/Rostock/Razzia-bei-Sicherheitsdienst-Zoll-ermittelt-gegen-ABS

[7] https://www.lr-online.de/lausitz/cottbus/neuer-sicherheitsdienst-fuer-das-stadtfest_aid-23230731

[8] https://www.berliner-zeitung.de/berlin/brandenburg/kampf-gegen-kriminalitaet-polizei-setzt-jetzt-massiv-auf-private-hilfssheriffs-31598710

[9] https://www.merkur.de/bayern/donauwoerth-polizei-ermittelt-gegen-security-von-erstaufnahme-10048323.html

wurde erst durch über WhatsApp-versandte Bilder bekannt, die in den Medien kursierte. Der Prozess wird 2019 und 2020 fortgesetzt.

## Branche / rechtliche Regelungen

Die Weiterentwicklung, oder besser gesagt die Rückentwicklung der DIN 77200 stieß auf Kritik aus vielen Richtungen, Grundtenor: Die Qualitätsstandards waren früher höher[10].

Dann wurde es aber am 25. Mai ernst! Die DSGVO, die übrigens seit bereits einem Jahr gültig war, hatte nun Durchgriffsrecht auf Privatpersonen und Unternehmen. Das Thema Datenschutz in unserer Branche, vor allem im Zusammenhang mit der Videoüberwachung, war in aller Munde: Was ist zu tun, was muss abgeschaltet werden, welche Informationen müssen herausgegeben werden? Strafsummen in immensen Höhen standen im Raum, Panikmache der Superlative und am Ende interessierte sich nach wenigen Wochen kaum noch einer dafür. Auch heute findet man überall noch Ausschilderungen, die den Anforderungen nicht gerecht werden – aber wo kein (vorhergesehener) Kläger, da kein Richter[11].

Im Juni dann der Paukenschlag – die Bundestarifkommission hat den Manteltarifvertrag gekündigt, sodass ab Ende September Neuverhandlungen der Tarifwerke stattfinden konnten. Im August dann die Meldung, der BDSW bevorzugt einen Bundesmanteltarifvertrag mit der „Gewerkschaft öffentlicher Dienst und Dienstleistungen". Ein Ergebnis des Zerwürfnisses: bundesweit 70 Tarifverträge mit 450 Lohngruppen, die Tarifverhandlungen sind inzwischen

---

[10] http://sicherheitsberatung-horn.com/onewebmedia/180525%20Sicherheitsberatung%20Florian%20Horn%20Kommentar%20DIN%2077200-1%202017-11.pdf
[11] http://www.sicherheit.info/go/2109578?Open

weitestgehend abgeschlossen. Auch wenn Dr. Olschock die Lohnerhöhung als eine Kröte bezeichnet, die man schlucken müsste, beweisen 12.000 – 13.000 offene Stellen die Bedeutung einer angemessenen Bezahlung.

Am 06. Juli beschäftigte sich der Bundesrat mit den Vorschlägen der Bundesregierung zur Einführung eines nationalen Bewacherregisters. Auch wenn es zu Anfang so aussah, dass die Einführung erneut, erneut, erneut... verschoben bzw. gar nicht kommen würde, wissen wir heute, dass es schließlich doch dazu gekommen ist. Die ersten Arbeiten daran haben begonnen, die praktische Umsetzung ist aber immer noch in Teilen offen. Naja, bis Juni/Juli 2019 ist noch etwas Zeit.

Ende Juli trauerte die Branche um einen Kollegen, der in Nürnberg nach Handgreiflichkeiten vor einem Schnellrestaurant starb. Die Obduktion offenbarte eine Herzerkrankung, der Branche wurde aber mal wieder die potenzielle Gefährlichkeit des Berufes vor Augen geführt.

Sommerzeit war mal wieder Chaoszeit an den deutschen Flughäfen: Fluggastaufkommen wurde falsch berechnet, Staus an der Kontrolle, verpasste Flieger und diesen Sommer vermehrt Meldungen darüber, dass unberechtigte Personen in den Sicherheitsbereich eindringen konnten, was zu erheblichen Sperrungen von Terminals führte[12].

Im Gegenzug urteilte das höchste deutsche Gericht, dass der Fluggast selbst die Kosten zu tragen habe, wenn er seinen Flug aufgrund von Stau an der Sicherheitskontrolle verpasst.

### Sicherheitstechnik

Ähnlich wie bei privaten Unternehmen, war 2018 auch die Videoüberwachung im öffentlichen Raum auf dem Vormarsch.

---

[12] https://www.sueddeutsche.de/panorama/sicherheit-an-flughaefen-es-liegt-nicht-am-system-es-liegt-am-faktor-mensch-1.4086756

Immer mehr Städte rüsteten auf, so wie zum Beispiel Mannheim (71 neue Kameras), bei denen sogar eine intelligente Videoüberwachung hinter geschaltet ist, sodass diese Kameras automatisiert Polizeieinsätze auslösen sollen[13]. In Berlin läuft weiterhin eine Bürgerinitiative, die Sicherheit durch Videokameras verspricht, über Themen wie Verdrängung, Datenschutz und mehr polizeiliche Präsenz wird in solchen Fällen leider selten diskutiert.

Der Hype um diese Form der Sicherheitstechnik wurde im Mai kurzzeitig durch umfangreiche Studien der TU Chemnitz und anderen Wissenschaftlern unterbrochen, die belegten, dass Videotechnik nur im Kontext von personellen, baulichen sowie bürgerschaftlichen Maßnahmen Wirkung zeigte[14]. Aussagen wie „Ein Attentäter lässt sich nicht von Kameras abhalten", verhallten aber schnell wieder[15].

Grundsätzlich ist aber zu sagen, dass der Sicherheitsmarkt im vergangenen Jahr weiterhin auf Erfolgskurs blieb. Sehr deutlich fiel der Zuwachs bei den lebensrettenden Sicherheitstechniken wie Brandmeldeanlagen (+ 8 % auf 1.950 Millionen Euro) sowie Sprachalarmsysteme (+ 6 % auf 106 Millionen Euro) aus[16].

**Gewalt gegen Retter**

Bereits Anfang des Jahres diskutierten wir über die zunehmende Gewalt gegenüber Rettungskräften, Polizisten und Feuerwehrkräften. Ergänzt wurde die Diskussion im Jahresverlauf durch Übergriffe in Krankenhäuser, Jobcentern

---

[13] https://twitter.com/welt/status/964091982523060225
[14] https://www.freiepresse.de/LOKALES/CHEMNITZ/Mehr-Sicherheit-durch-Kameras-Was-Wissenschaftler-dazu-sagen-artikel10212103.php?cvdkurzlink=x
[15] https://www.ksta.de/koeln/koeln-archiv/interview-zu-videoueberwachung--ein-attentaeter-laesst-sich-nicht-von-kameras-abhalten--30429996
[16] http://www.sicherheit.info/go/2110308?Open

und im ÖPNV. Die Kosten der Heilbehandlung und der Unfallentschädigungen für die Betroffenen gehen in die Millionen. Die Berliner Dienstbehörden allein mussten im vergangenen Jahr 1,65 Millionen Euro für Polizisten und fast 248.000 Euro für Feuerwehrleute aufbringen[17].

Auch Gotteshäuser waren betroffen, so konnte im Juni eine offensichtlich verwirrte Person im Berliner Dom nur durch Schüsse der Polizei gestoppt werden. Dabei wurde ein Beamter schwer verletzt.

Auch wir als Private Sicherheitskräfte wurden angegriffen, ein Fall sorgte im Juli 2018 für Schlagzeilen. Ein Luftsicherheitskontrolleur wurde am Düsseldorfer Flughafen hinterrücks mit einem Cuttermesser angegriffen und am Kopf schwer verletzt, der Täter offenbar verwirrt und drogenabhängig[18].

Mit der Rückrunde der Fußballbundesliga trat auch das Phänomen Pyrotechnik im Stadion wieder vermehrt auf, vor allem nachdem Ordner und Polizeikräfte verletzt wurden. Eine Diskussion wie dem Phänomen begegnet werden solle, überlebte den Anbruch der Winterpause nicht. Fangruppierungen und Vereine stehen sich feindschaftlich wie nie gegenüber.

**Subjektive vs. Objektive Sicherheit**

Ebenso begleitete uns das ganze Jahr über das Thema objektive versus subjektive Sicherheit. Die objektiven Zahlen aus der Polizeilichen Kriminalitätsstatistik waren zwar rückläufig, das subjektive Unsicherheitsgefühl aber konstant hoch. Nicht nur, dass dies durch bestimmte Parteien zum

---

[17] https://twitter.com/berlinerzeitung/status/1058624638618624000
[18] https://www.bild.de/regional/duesseldorf/polizei/messer-angriff-am-flughafen-duesseldorf-56194428.bild.html###wt_ref=https%3A%2F%2Ft.co%2FCk547yWfPw&wt_t=1546257749058

Wahlkampf missbräuchlich genutzt wurde, veränderten auch die Taten Einzelner das gesellschaftliche Leben und das Stadtbild maßgeblich. Individuelle Ängste stiegen stärker und schneller, als es die Kriminalitätsstatistik hergab[19]. Eine sachliche Diskussion und Kontextbetrachtung waren kaum noch möglich. Wer mit sachlichen Argumenten versuchte zu überzeugen, marginalisierte, verharmloste und war in manchen Diskussionen Feind der Andersdenkenden[20].

Die Angst vor Anschlägen führte so weit, dass während eines Public Viewings in Turin das Handeln von Dieben (Pfefferspray in die Menge) für eine Massenpanik sorgte, bei der eine Frau starb und 1.500 Menschen verletzt wurden[21].

Im Frühling führten wir eine gesamtgesellschaftliche Diskussion über ein grundsätzliches Messerverbot bzw. ein Verbot zum Mitführen von Messern. Mehrere Ereignisse hatten dafür gesorgt, dass Straftaten durch Messer im Fokus standen[22]. Im Ergebnis gab es immer wieder bundesweite Allgemeinverfügungen zum Mitführverbot gefährlicher Gegenstände der Bundespolizei im ÖPNV, die hier aufgefundenen Waffen waren in Anzahl und Umfang beängstigend.

Unterfüttert wurde dies mit immer wieder veröffentlichten Statistiken, was bei Einlasskontrollen an Gerichten gefunden wird – so zum Beispiel in Brandenburg: „4.335 gefährliche

---

[19] https://www.br.de/nachricht/bayern-zwischen-kriminalitaetsstatistik-und-bauchgefuehl-100.html
[20] http://www.fr.de/politik/meinung/leitartikel/kriminalitaet-wenn-die-statistik-nicht-ins-konzept-passt-a-1492684?GEPC=s3
[21] https://www.berliner-zeitung.de/panorama/1500-verletzte-diebe-sollen-fuer-panik-bei-public-viewing-in-turin-verantwortlich-sein-30015148
[22]
https://www.welt.de/debatte/kommentare/article175048713/Innere-Sicherheit-Macho-Messer-Verbot-waere-wichtiger-als-jede-Islam-Debatte.html

Gegenstände [sind] entdeckt worden. Auch verbotene Waffen wie Messer und Schlagringe waren darunter [...].[23]"

Eine Konsequenz war, dass im Bundeshaushalt 2018 das Bundesministerium für Inneres, Bau und Heimat einen 50%igen höheren Etat gegenüber 2017 erhielt[24].

Die Vergabe von Bewachungsdienstleistungen von Landeseigentum war ein großartiges Geschäft für uns, wer aber da den Überblick behalten sollte, blieb offen: Berlin gab 2017 70 Millionen Euro für private Sicherheitsdienste aus, engagierte 67 verschiedene Firmen und wegen Personalmangels beim Zentralen Objektschutz der Polizei wurden auch Polizeidienststellen und Kasernen privat gesichert[25].

**Events**

Ostritz war im April in aller Munde, hier veranstaltete die NPD ein rechtes Festival, bei dem auch ein Sicherheitsdienst namens „Arische Bruderschaft" zur Absicherung zum Einsatz kam. Bemühungen von einzelnen Politikern mögliche Verstöße gegen die Gewerbeordnung verfolgen zu lassen, verliefen schnell im Sande. Im Juni wurde das Verfahren gegen die Unternehmensvertreter aufgrund des „Verwendens verfassungswidriger Symbole" eingestellt[26].

Auch das gehörte 2018 dazu: Die Heirat von Prinz Harry und Meghan. London ließ ein Großaufgebot an Sicherheitskräften auffahren: Fahrzeugbarrieren, Flugzeugchecks,

---

[23] https://www.rbb24.de/panorama/beitrag/2018/04/gefaehrliche-gegenstaende-gerichte-brandenburg.html
[24] https://twitter.com/dpa/status/991684776594690048
[25] https://www.morgenpost.de/politik/article214281673/Berlin-gibt-70-Millionen-Euro-fuer-private-Wachdienste-aus.html?__pwh=txFE7pGwWra7qPhf6Nx5yg%3D%3D
[26] https://twitter.com/SiBeFH/status/988302355492933633, https://www.stern.de/panorama/zwei-gekreuzte-granaten---so-verehren-neo-nazis-den-schlimmsten-sadisten-der-ss-7954230.html?utm_campaign=artikel-header&utm_medium=share&utm_source=twitter

Scharfschützen und Zugangskontrollen[27]. Die Hochzeit verlief ohne Vorkommnisse.

Ende Juni fand dann der Parteitag der AfD in Augsburg statt. Eine linke Gruppierung hatte sich eine Menge Mühe gemacht und einen Reiseführer für Krawalltouristen herausgegeben. Dieser enthielt auch die Anschriften von Hotels und privaten Sicherheitsdienstleister, die als Auftragnehmer und als mögliche Angriffsziele in diesem Zusammenhang identifiziert wurden – glücklicherweise blieb es jedoch verhältnismäßig ruhig[28].

Auch für den G7-Gipfel in Kanada gab es Zahlen zu Sicherheitskosten: 260 Millionen Euro für Polizei & Sicherheitsbehörden (Einsatz der Polizei 170 Millionen Euro); 3,7 km Metallzaun mit CCTV; 2,2 Millionen Euro für Verlegung & Verpflegung von 3.000 Polizisten & Diensthunden[29].

Was soll ich zur Fußball-Weltmeisterschaft sagen? Viel Geld für Sicherheitsmaßnahmen in Deutschland ausgegeben, die dann nicht mal ein neuerliches Sommermärchen unterstützten: 500 Sicherheitskräfte, 118 mobile Straßensperren und Terroristen, die als Einzeltäter unplanbar angreifen, so titelte der Focus für Berlin[30]. Russland gab in Bezug auf eigene Sicherheitsdienste an, dass das Ereignis friedlich verlaufen sei und Terroranschläge verhindert wurden.

Das Oktoberfest war für die Wirte das teuerste seit seiner langen Tradition, mehr als 9 Millionen Euro für Sicherheitsmaßnahmen, mehr als die Hälfte für private Sicherheitsdienstleister, denn über 700 Kräfte waren im

---

[27] https://www.stern.de/lifestyle/leute/prinz-harry-und-meghan-markle-so-wird-fuer-die-sicherheit-am-19--mai-gesorgt-7920948.html?utm_campaign=artikel-header&utm_medium=share&utm_source=twitter
[28] https://twitter.com/SiBeFH/status/1001366248092045312
[29] https://www.t-online.de/nachrichten/ausland/internationale-politik/id_83902860/kanada-blaettert-fuer-zwei-tage-g7-400-millionen-euro-hin.html
[30] https://www.focus.de/regional/berlin/berlin-terror-abwehr-bei-fussball-wm-strassensperren-mps-panzerwagen-meilenweit-sicherheit_id_9069312.html

Einsatz. Nicht nur derentwegen war es eine weitestgehend friedliche Wies'n[31]. Sicherheitstechnisch sehr interessant war der Einsatz von sogenannten Super-Recognizer bei der Münchener Polizei. Diese Menschen verfügen über die seltene Fähigkeit einmal gesehene Gesichter auch noch nach Jahrzehnten wiederzuerkennen[32].

Am Ende des Jahres kamen dann die Weihnachtsmärkte, die uns alle Jahre wieder schwer beschäftigten. Deutsche Sicherheitsverantwortliche erklärten dem Bürger, dass Anschläge ausschließlich durch LKW-Sperren verhindert werden könnten. Der Anschlag durch einen mit einer Schusswaffe bewaffneten Einzeltäter in Strasbourg bewies, dass der einsame Wolf Schaden anrichten kann, während Berlin den Breitscheidplatz als Festung ausbaute und neue Techniken versuchte. Gegen Drohnen und Einzelpersonen scheint jedoch kein Kraut gewachsen zu sein.

Habe ich etwas vergessen? Bestimmt! Wünsche ich mir bessere Nachrichten für 2019? Aber sicher! Vor allem wünsche ich mir aber, dass wir alle objektiver mit dem Thema Sicherheit umgehen können, sodass auch die private Sicherheitswirtschaft den Stellenwert bekommt, den sie verdient!

Wer es bis hierhin geschafft hat, dem wünsche ich ein gesundes, sicheres neues Jahr 2019! Oder, um es mit den Worten von Erich Kästner auszudrücken:

„Wird's besser? Wird's schlimmer? fragt man alljährlich. Seien wir ehrlich: Leben ist immer lebensgefährlich!"

---

[31] https://www.br.de/nachricht/oberbayern/inhalt/wird-die-wiesn-wirklich-teurer-100.html
[32] https://www.tag24.de/nachrichten/muenchen-polizei-super-recogniser-geheimwaffe-aufklaerung-straftaten-bayern-deutschland-650011

# 4. Das war das Jahr 2019

2018 hatte ich mir zum Jahresabschluss einen objektiven Umgang mit Sicherheitsthemen gewünscht. Ob das in Erfüllung gegangen ist, werden wir sehen.

Der Rückblick zum Jahr 2019 ist diesmal nach Monaten, statt nach Themenfeldern aufgebaut.

## Januar

Das Jahr 2019 startet mit der Fortsetzung eines der größten Prozesse des Jahrhunderts gegen Sicherheitsmitarbeiter - so zumindest der Tenor noch Anfang des Jahres zum Burbach-Prozess. Die vorliegenden Beweise sind schwerwiegend. Doch da irgendwie jeder in dieser Einrichtung von den Straftaten wusste, aber keiner etwas tat - so beschwerte sich beispielsweise einer der Betreuer, dass "die Wachleute keine Rücksprache mehr mit ihm halten" und dass das "Problemzimmer eigentlich gar nicht existierte" – war die Beweisführung sehr kompliziert. Einige Sicherheitsmitarbeiter stellten sich im Kontext der Beweise (z.B. die WhatsApp-Chatverläufe) ihrer Verantwortung und gestanden Einzeltaten, wie z.B. die Fesselung eines Flüchtlings an einen Laternenmast.[33]

Dies führte zu den ersten Verurteilungen: Zunächst hing das Gericht ein Preisschild an Freiheitsberaubung, Nötigung und Körperverletzung im Mai gegen vier Sicherheitsmitarbeiter - Geldstrafen in Höhe von nur 300 bis 6.800 Euro[34]. Im August dann eine Bewährungsstrafe von 8 Monaten, ein verabredetes Strafmaß aufgrund seiner Aussagen für vier Fälle der gemeinschaftlichen Freiheitsberaubung, einmal davon in

---

[33] Blog-Beitrag vom 06.02.019
https://www.facebook.com/SicherheitFHorn/posts/2228231384081738
[34] Blog-Beitrag vom 31.05.2019
https://www.facebook.com/SicherheitFHorn/posts/2294399307464945

Tateinheit mit einer gefährlichen Körperverletzung[35]. Für die Verantwortlichen als stellv. Heimleitung gab es hingegen einen Freispruch im Oktober[36]. Alles in allem scheint der Jahrhundertprozess ähnlich wie der Prozess um das tragische Ereignis der Loveparade in Duisburg zu verlaufen: groß angekündigt, wenige Verurteilungen und noch weniger Aufklärung, wie es eigentlich zu diesem Kontrollverlust des Menschseins gekommen war. Da half auch nicht die Schlagzeile im Dezember, dass ein Polizeibeamter eine nicht genehmigte Nebentätigkeit in der Unterkunft gehabt habe und deswegen ein Disziplinarverfahren gegen ihn eingeleitet wurde. Er soll von den Misshandlungen gewusst und Teil der Chatgruppe gewesen sein[37]. Am Ende bleibt nur die traurige Gewissheit, dass hier neben den privaten auch die staatlichen Kontrollmechanismen nicht gegriffen haben.

**Februar**

Auch der Februar startete nicht mit guten Nachrichten für unsere Branche, dafür mit dem Prozessabschluss aus 2018 gegen die Sicherheitsdienst 24 GmbH in Kassel. Dem Geschäftsführer Tim L. und seiner Ex-Frau wurden Umsatzsteuerhinterziehung in Höhe von 720.000 Euro und Sozialabgabe- sowie Steuerbetrug in Höhe von 3,5 Millionen Euro nachgewiesen. Er erhielt eine Haftstrafe von 4 Jahren und 10 Monaten, die nach Zahlung einer Kaution in Höhe von 150.000 Euro - woher kam das Geld bloß *zwinker-Smiley* -

---

[35] Blog-Beitrag vom 31.08.2019
https://www.facebook.com/SicherheitFHorn/posts/2356795121225363
[36] Blog-Beitrag vom 02.10.2019
https://www.facebook.com/SicherheitFHorn/posts/2380837312154477
[37] Blog-Beitrag vom 05.12.2019
https://www.facebook.com/SicherheitFHorn/posts/2437550553149819

bis zu einem rechtskräftigen Urteil außer Kraft gesetzt wurde. Sie hingegen 1 Jahr und 6 Monate auf Bewährung[38].

Dabei steht dieses Unternehmen nicht allein da, vor allem in Hessen ist die Sicherheitsbranche besonders anfällig für Steuerbetrug: 400 aktuelle Fälle im Jahr 2019 und ein Anstieg von 100 Fällen von 2016 auf 2017[39].

Auch im Februar dann diese Schlagzeile "Securityfirma eines Neonazis bewacht KZ-Gedenkstätte[40]" und keiner wusste zu diesem Zeitpunkt, welche Erkenntnisse uns noch zu Rechten in der Sicherheitsbranche erwarten würden. Wobei: Unerwartet hätte das nicht sein dürfen, hieß es 2018 noch im Verfassungsschutzbericht, dass 13 Firmen mit Verbindungen zur rechtsextremen Szene existierten. Doch eins nach dem Anderen - was war passiert: Der Hauptauftragnehmer der Bewachungsleistung im KZ Sachsenhausen hatte offenbar ohne Kenntnis des Auftraggebers die Dienstleistung an einen Subunternehmer vergeben. Das Positive daran? Der Hinweis über das dort eingesetzte und beschuldigte Unternehmen "Boxing Security" kam offenbar aus der Branche selbst.

Mit dem Rundfunk Berlin-Brandenburg (RBB) sprach ich über das Unternehmen, die Vorwürfe und wie solche Ereignisse zu Stande kommen können. Ebenso war Thema, was in der neuen Ausschreibung stehen müsste und welche Pflichten auch der Auftraggeber hat, vor allem bei solch sensiblen Objekten und wie man vielleicht frühzeitig (z.B. durch Interesse am eigenen Dienstleister) diesen Skandal hätte

---

[38] Blog-Beitrag vom 27.02.2019
https://www.facebook.com/SicherheitFHorn/posts/2239835972921279 /
https://www.hna.de/kassel/ex-chef-vellmarer-sicherheitsdienstes-sd24-wieder-freiheit-10042208.html?fbclid=IwAR0Swz9J3y1XxIj_Ex0-a31C0xzv4P6Hf5TgC4lySKXfTQfNOkIQxpjKIaM
[39] Blog-Beitrag vom 10.02.2019
https://www.facebook.com/SicherheitFHorn/posts/2230481617190048
[40] https://www.maz-online.de/Brandenburg/Sicherheitsfirma-eines-Cottbuser-Neonazis-bewacht-KZ-Gedenkstaette-Sachsenhausen

verhindern können.[41] Im Juli nahm der neue Sicherheitsdienst in den KZ-Gedenkstätten seine Arbeit auf, man rühmte sich damit, dass neue Kontrollmechanismen implementiert wurden (z.B. die Überprüfung der Personale durch den Verfassungsschutz). Ich bezweifelte sehr stark den Erfolg dieser Maßnahme, wenn man zuvor schon nicht wusste, wer sich als Dienstleister in den eigenen Anlagen bewegte[42] und man somit auch im Kern organisatorisch versagt hatte.

**März**

Dass der Sicherheitsdienst auch mal der Angeschmierte sein kann, belegte ein Fall im März aus Berlin: Ein Streifenwagen auf Einsatzfahrt rammte den Dienstwagen - das Ergebnis: 10.000 Euro Sachschaden, verletzter Mitarbeiter und Arbeitsausfälle. Die Aufarbeitung nicht möglich, denn die Akte war "zufälligerweise" verschwunden[43].

Am Flughafen Köln/Bonn kommt es zu einem Raubüberfall auf einen Geldtransporter, wobei ein Sicherheitsmitarbeiter durch einen Schuss lebensgefährlich verletzt wurde. Der erbeutete Geldbetrag ist nur gering[44].

Ein ähnlicher Vorfall wird sich wenige Monate später in Frankfurt am Main bei IKEA wiederholen. Auch hier verletzte der Täter einen Sicherheitsmitarbeiter lebensgefährlich - die Polizei sieht einen Zusammenhang[45]. Noch 2020 wird man nach den Täter fahnden.

---

[41] Blog-Beitrag vom 20.02.2019
https://www.facebook.com/SicherheitFHorn/posts/2235897833315093
[42] Blog-Beitrag vom 02.07.2019
https://www.facebook.com/SicherheitFHorn/posts/2316999035204972
[43] Blog-Eintrag vom 27.03.2019
https://www.facebook.com/SicherheitFHorn/posts/2254771181427758
[44] Blog-Eintrag vom 10.03.2019
https://www.facebook.com/SicherheitFHorn/posts/2245790105659199
[45] Blog-Eintrag vom 11.11. und 11.12.2019
https://www.facebook.com/SicherheitFHorn/posts/2443333775904830

**April**

Im April erstarrte dann Paris mal wieder in Schockstarre, doch diesmal nicht ausgelöst durch einen tragischen Terroranschlag, sondern durch den Brand des berühmten Wahrzeichens "Notre Dame". Im Juli dann die tragische Überraschung, der Brand konnte sich 30 Minuten lang ungestört ausbreiten, da mit der Begründung "Die Kathedrale steht seit 800 Jahren, sie wird nicht einfach so abbrennen" an der Sicherheit eingespart wurde. Zudem existierten erhebliche Mängel bei der Einweisung, der Mitarbeiter an diesem Tag war an seinem vierten Arbeitstag bereits allein und wohl maßlos überfordert - verständlicherweise[46].

Aber auch in Hamburg gab es im selben Monat tragische Nachrichten: Ein Kameruner stirbt nach einem Security-Einsatz im Universitätsklinikum Hamburg-Eppendorf (UKE). Offenbar war der Patient in der psychiatrischen Abteilung nach der Verweigerung der Medikamenteneinnahme durch das Sicherheitspersonal fixiert worden, worauf es zu einem nicht näher definierten medizinischen Notfall gekommen sei[47].

Die Ermittlungen der Staatsanwaltschaft und des LKA Hamburgs liefen noch, da wurde das Ereignis zum Politikum. Nach Anfragen der Linken in der Hamburger Bürgerschaft kam heraus, dass es im UKE im laufenden Jahr bereits zu hunderten Interventionseinsätzen des Sicherheitsdienstes gekommen sei, das (Klinik-)Personal wäre überlastet und eine Videoüberwachung existiere ebenfalls nicht[48]. Zudem hätte es in der "jüngeren Vergangenheit" - was auch immer das konkret bedeute - vier Ermittlungsverfahren gegen Sicherheitsmitarbeiter, darunter drei wegen Verstößen gegen

[46] Blog-Beitrag vom 03.06.2019
https://www.facebook.com/SicherheitFHorn/posts/2296999553871587
[47] Blog-Beitrag vom 27.04.2019
https://www.facebook.com/SicherheitFHorn/posts/2272908102947399
[48] Blog-Beitrag vom 25.04.2019
https://www.facebook.com/SicherheitFHorn/posts/2272052366366306

die körperliche Unversehrtheit gegeben. Eine vollständige Übersicht konnte man jedoch nicht liefern[49].

Es begann ein wildes Hin und Her der Vorwürfe, der Sicherheitsdienst verwies auf ein existierendes Schulungskonzept mit dem Schwerpunkt Deeskalation[50], dem gegenüber stand ein 17-seitiges Protokoll aus dem Jahr 2017, in dem über ein hohes Maß an Gewaltbereitschaft des Sicherheitsteams gesprochen wurde[51]. Am Ende sprach keiner mehr über das Opfer, genauso wenig wie die Staatsanwaltschaft im Dezember: es läge kein rassistisches Motiv vor und die Fixierung am Boden sei höchstwahrscheinlich nicht die Todesursache[52].

**Mai**

Man hätte meinen können, dass aus dem Vorfall im Bode-Museum über notwendige Sicherheitsmaßnahmen bei der öffentlichen Ausstellung von Kunstwerken gelernt worden wäre. Dass dies nicht so ist, zeigte der Diebstahl des "Goldenen Nests", einem Kunstwerk aus 74 Zweigen zu je 814 Gramm Feingold und einem Gesamtwert von 30.000 Euro aus der Fuchsberg-Grundschule in Berlin-Marzahn. Seit November hatte es mehrere Einbruchversuche und Alarmauslösungen gegeben, sodass durch den verantwortlichen Chef des Sicherheitsdienstes entschieden wurde und, um Kosten zu sparen, eine Intervention trotz Mehrfachauslösung nicht durch die Polizei durchzuführen sei. Als der Sicherheitsmitarbeiter vor Ort eintraf, konnte nur noch eine leere Vitrine festgestellt

---

[49] Blog-Beitrag vom 05.05.2019
https://www.facebook.com/SicherheitFHorn/posts/2277567519148124
[50] Blog-Beitrag vom 01.05.2019
https://www.facebook.com/SicherheitFHorn/posts/2275083829396493
[51] Blog-Beitrag vom 29.04.2019
https://www.facebook.com/SicherheitFHorn/posts/2274105286161014
[52] https://www.ndr.de/nachrichten/hamburg/Staatsanwalt-zu-Tod-von-UKE-Patient-Kein-Rassismus,uke550.html

werden. Verbindungen zur Clan-Kriminalität wurden schnell gezogen, übrigens zu derselben Familie, die auch die Drahtzieher hinter dem Coup im Bode-Museum gewesen sein soll.[53]

Auch im Mai: Korruptionsskandal am Genfer Flughafen. Bei der Vergabe eines öffentlichen Auftrages soll es zu Zahlungen gekommen sein. Daraufhin wurden der Leiter der Abteilung Sicherheit sowie ein Verantwortlicher einer Genfer Sicherheitsfirma festgenommen. Letzterer sollte die Ausbildung der Sicherheitspersonale am Flughafen vornehmen, im Oktober wurde dann der Vertrag gekündigt[54].

## Juni

Von wegen Sommerloch, der Juni beginnt mit der Fortführung des Goldmünzen-Prozesses aus dem Bode-Museum und der Befragung des Referatsleiters Sicherheit der staatlichen Museen zu Berlin. Er muss erklären, warum vorangegangene Einbruchsversuche – Moment, ist hier ein Copy-Paste-Fehler passiert? Ach nee, hier sind ja auch wie in der Schule in Marzahn Einbruchsversuche ignoriert worden[55]. Und vor allem, was antwortet man auf Fragen wie: "Warum war die Alarmanlage seit 2013 defekt?" und "Wieso wurde bei der Sensibilität des Objektes der erste Einbruchsversuch nicht gemeldet?"[56] Antworten, die der Prozess nicht geben konnte. Man konnte nur hoffen, dass die anderen deutschen Museen die stümperhaften Sicherheitsmaßnahmen als Anlass nahmen,

---

[53] Blog-Beitrag vom 16.05.2019 und 04.09.2019
https://www.facebook.com/SicherheitFHorn/posts/2360276414210567
[54] Blog-Beitrag vom 18.05.2019
https://www.facebook.com/SicherheitFHorn/posts/2285748384996704
[55] Blog-Beitrag vom 29.01.2019
https://www.facebook.com/SicherheitFHorn/posts/2222896834615193
[56] Blog-Beitrag vom 12.01.2019
https://www.facebook.com/SicherheitFHorn/posts/2213403335564543

um ihr Sicherheitskonzept zu überprüfen[57]. Dass das offenbar nur halbherzig bzw. nicht ganzheitlich erfolgte, werden neue Vorfälle im Oktober 2020 auf der Museumsinsel zeigen.

Nicht vergessen durfte man bei aller Konzentration auf die technischen Sicherheitsaspekte, dass ebenfalls ein Sicherheitsmitarbeiter angeklagt war, der laut Staatsanwaltschaft Insiderinformationen zur Verfügung gestellt habe[58].

## Juli

Lassen Sie uns mal wieder über ein ernstes Thema reden: Rechte, Rechtsradikale und Rechtsextremisten im Bewachungsgewerbe.

Seit Januar hatte sich offenbar nichts getan, außer, dass die Verflechtungen zwischen Nazis, der Türsteher-Szene, Fußballfans und dem klassischen Sicherheitsgewerbe in Cottbus immer präsenter wurden und tiefer gingen, als erwartet[59]. Razzien bei Musiklabels, Bekleidungsläden und immer wieder die Verbindung ins Sicherheitsgewerbe[60] sowie in den Fußball, die Grenzen zwischen Ordnern und Hooligans verschwammen[61].

Aber nicht nur Cottbus (Brandenburg) betraf es, auch bei einem Nazi-Kampfsporttreffen in Crossen (Thüringen) waren Vertreter aus dem Sicherheitsgewerbe anwesend[62]. Auch in

---

[57] Blog-Beitrag vom 14.01.2019
https://www.facebook.com/SicherheitFHorn/posts/2215027248735485
[58] Blog-Beitrag vom 06.06.2019
https://www.facebook.com/SicherheitFHorn/posts/2299122976992578
[59] Blog-Beitrag vom 24.07.2019
https://www.facebook.com/SicherheitFHorn/posts/2331128830458659
[60] Blog-Beitrag vom 11.04.2019
https://www.facebook.com/SicherheitFHorn/posts/2263366353901574
[61] Blog-Beitrag vom 01.04. und 11.03.2019
https://www.facebook.com/SicherheitFHorn/posts/2257718757799667 /
https://www.facebook.com/SicherheitFHorn/posts/2246434538928089
[62] Blog-Beitrag vom 12.06.2019
https://www.facebook.com/SicherheitFHorn/posts/2302598419978367

Chemnitz (Sachsen) kontrollieren offenbar Rechte einen Großteil der Chemnitzer Sicherheitsbranche - Aufträge im Stadion, Landtag und bewaffnet im Bereitschaftspolizeipräsidium. Der Grund dafür: Die Zuverlässigkeit steht oft hinter der Preisfrage[63]. Auch der Chemnitzer FC war unterlaufen und alle sollten davon gewusst haben.[64] Erst nach einer nicht zu ignorierenden Trauerfeier für einen bekannten Hooligan und Rechtsextremisten tauschte der Regionalligist den Sicherheitsdienstleister aus[65].

Erinnert ihr euch noch an 2018, als es seitens des Verfassungsschutzes die Information gab, dass im südlichen Brandenburg 13 Sicherheitsunternehmen Verbindungen zur rechten bzw. rechtsextremistischen Szene haben? Sonderlich viel ist offenbar seitdem nicht passiert.

Aber nicht nur "klassische" Graubereiche waren betroffen: Auch der Energiekonzern RWE geriet nicht nur wegen der eigenen Tätigkeiten im Hambacher Forst unter Beschuss, sondern auch wegen eines beauftragten Sicherheitsdienstes. Zwei Mitarbeiter des Unternehmens, die im Rahmen der Räumung zum Einsatz kamen, unterhielten Verbindungen zum Netzwerk Uniter und anderen rechtsextremen Strömungen innerhalb der Bundeswehr[66].

Am Ende ist aber festzuhalten, dass nicht nur Rechte Sicherheitsstrukturen unterlaufen. Denn im Mai teilte das BKA mit, dass die tschetschenische Mafia gezielt Wachschutzaufträge für Polizeigebäude akquiriere[67].

---

[63] Blog-Beitrag vom 15.05.2019
https://www.facebook.com/SicherheitFHorn/posts/2284208075150735
[64] Blog-Beitrag vom 16.04.2019
https://www.facebook.com/SicherheitFHorn/posts/2266101146961428
[65] Blog-Beitrag vom 16.03.2019
https://www.facebook.com/SicherheitFHorn/posts/2249008315337378
[66] Blog-Beitrag vom 19.08.2019
https://www.facebook.com/SicherheitFHorn/posts/2347848732120002
[67] Blog-Beitrag vom 10.05.2019
https://www.facebook.com/SicherheitFHorn/posts/2280443375527205

Auch über Sicherheit in Freibädern sprachen wir im Hochsommer, nachdem es zu Ausschreitungen und Badräumungen vor allem im Westen der Republik gekommen ist. In Düsseldorf wurde als Erstmaßnahme die Überprüfung von bestehenden Hausverboten implementiert[68] - war das Mittel des Hausrechts bisher nur ein zahnloser Tiger gewesen? Wir diskutierten darüber wie es zu diesen Gewaltausbrüchen kam[69], ausgeschlachtet wurde das Thema jedoch von allen Seiten, auch die Rechten entdeckten das Thema für sich und nutzen dies für ihre populistischen Parolen[70].

Einzig das Bad in der kleinen Grenzstadt Kehl beschäftigte sich vorbildlich mit der Auswertung der sommerlichen Ereignisse, der Einbeziehung der Bürger in das Sicherheitskonzept sowie explizite und zielführende Maßnahmen - im November stand das Sicherheitskonzept für die neue Saison[71]. Düsseldorf entschied sich ausschließlich für eine personelle Maßnahme und suchte ab Dezember Sicherheitskräfte für fünf Bäder[72].

## August

Kommen wir aber wieder zurück zur Gewalt in Flüchtlingsheimen - es steht außer Frage, dass auch Sicherheitsmitarbeiter hier stärker als in allen anderen Bereichen Konfrontationen ausgesetzt sind. Der VBG Security Bericht belegt es, auf Platz 3 nach dem ÖPNV und dem Einzelhandel lassen sich die Arbeitsunfälle im Bereich

---

[68] Blog-Beitrag vom 23.07.2019
https://www.facebook.com/SicherheitFHorn/posts/2333595383545337
[69] Blog-Beitrag vom 22.06.2019
https://www.facebook.com/SicherheitFHorn/posts/2309794635925412
[70] Blog-Beitrag vom 05.08.2019
https://www.facebook.com/SicherheitFHorn/posts/2339261136312095
[71] Blog-Beitrag vom 27.11.2019
https://www.facebook.com/SicherheitFHorn/posts/2429808317257376
[72] Blog-Beitrag vom 17.12.2019
https://www.facebook.com/SicherheitFHorn/posts/2448893752015499

"Wohnheime, EAE [(Erstaufnahmeeinrichtungen)] und Ähnliche: 71,05 %" finden[73]. Wirtschaftlich können die Eskalationen durch Erkenntnisse aus der Schweiz erklärt werden: 2019 betrug das Budget für Sicherheit 194 Millionen Schweizer Franken (176,5 Millionen Euro), für die Betreuung der Asylbewerber und der Organisation in einem Asylzentrum beispielsweise durch Sozialarbeiter wurden nur bei 32 Millionen CHF (ca. 29 Millionen Euro) bereitgestellt. Amnesty International kritisiert diesen Gap seit 2013[74].

Der Vorfall im August in Halberstadt zeigte auch bei uns das ganze Ausmaß, wie mit Hinweisen zu Gewalt in Asylbewerberheimen umgegangen wird. Anfang des Monats tauchte auf YouTube ein Video auf, das vermeintliche Übergriffe durch Sicherheitspersonale zeigte. Auch wenn die gezeigten Bilder schon tragisch genug waren - der betroffene Sicherheitsdienst reagierte natürlich standardmäßig (Mitarbeitersuspendierung, Versprechen einer lückenlose Aufklärung, Verurteilung der Ereignisse, etc.) - war die Historie der Veröffentlichung ein Symbol des Wegschauens: Der Vorfall hatte bereits im April 2019 stattgefunden, der Filmende hatte laut eigener Auskunft Medien darüber informiert, aber keine Resonanz gefunden - erst vier Monate später ging das Video viral, sodass sich auch Sachsen-Anhalts Innenminister gezwungen sah, darauf zu reagieren.[75]

Ein viel „schlimmeres" Ereignis dann in Berlin, das auch nur aufgrund des Drucks der Öffentlichkeit und des

---

[73] Blog-Beitrag vom 11.12.2018
https://www.facebook.com/SicherheitFHorn/posts/2194476460790564
[74] Blog-Beitrag vom 04.09.2019
https://www.facebook.com/SicherheitFHorn/posts/2360248687546673
[75] Blog-Beitrag vom 04.09.2019
https://www.facebook.com/SicherheitFHorn/posts/2360248687546673 / Blog-Beitrag vom 22.08.2019
https://www.facebook.com/SicherheitFHorn/posts/2349998945238314 / Blog-Beitrag vom 12.08.2019
https://www.facebook.com/SicherheitFHorn/posts/2343358009235741

Flüchtlingsrates bekannt wurde: Eine junge Frau erscheint nachts mit ihrem Ehemann blutend, unter starken Schmerzen beim Sicherheitsdienst und bittet um ärztliche Hilfe. Der Mitarbeiter verweigert die Alarmierung eines Rettungswagens offenbar mit der Begründung, dass Sonntagnacht die Feuerwehr nicht kommen würde. Stattdessen verwies er das Paar an das Sana Klinikum und druckte eine Wegbeschreibung aus. Als die werdende Mutter endlich im Krankenhaus ankam, konnte sie das Kind nur noch tot gebären. Eine spätere Obduktion ergab, dass die Mutter an einer akuten Plazentainsuffizienz litt, hochgefährlich für das Kind und die Mutter. Hier kam jede Hilfe zu spät und mal wieder gab es Mitarbeitersuspendierungen, Versprechen einer lückenlosen Aufklärung, Verurteilung der Ereignisse, etc. An die Wurzeln des Problems wollte jedoch keiner - mal wieder.

Neben der Einführung des Bewacherregisters und seinen unzähligen Herausforderungen und Problemen, diskutierten wir den ganzen Sommer auch über neue Regelungen für das Sicherheitsgewerbe. Endlich wollte man weg aus der Gewerbeordnung, hin zu einem Sicherheitsdienstleistungsgesetz. Wie im Koalitionsvertrag vereinbart, aber politisch noch nicht angefasst, legte der BDSW einen Entwurf vor. Interesse bei den Ministerien und der Großen Koalition herrschte eher wenig, vielmehr stritt man sich darüber, ob das Gewebe beim Bundesministerium für Wirtschaft und Energie oder zum Bundesministerium des Innern, für Bau und Heimat wechseln würde. Alles hing am Bewacherregister, darauf hatte das Bundesministerium des Innern, für Bau und Heimat nämlich keine Lust.

Aber Moment mal, statt toller Veränderungen und Regelungen soll das Sicherheitsdienstleistungsgesetz nach den Vorstellungen des BDSWs nur für wenige Bereiche und gar nicht für die gesamte Branche gelten. Immerhin landet Deutschland mit seinen existierenden Mindeststandards im europäischen Vergleich auf Platz 11[76]. Die vorgegebene Vision wurde aber vom führenden Sicherheitsforscher Prof. Dr. Rolf Stober abgelehnt - seine Meinung: Das vorgelegte Sicherheitsdienstleistungsgesetz sei unsystematisch, überfüllt und mit sachfremden Aspekten gespickt und müsse grundlegend überarbeitet werden. Hausinterne (Werks-) Dienstleistungen werden erst gar nicht betrachtet - mein Plädoyer dazu: Hört mehr auf die Wissenschaft![77]

## September

Im September blamierte sich der Rapper Fler, der meinte, bei einer sonntäglichen Ausfahrt die Berliner Polizei mit seinen Fahrkünsten provozieren zu müssen. Es kam, wie es vermeintlich auch geplant war: Polizeikontrolle, ein total erboster Patrick Losensky in Handfesseln in Zehlendorf und seine Freundin, die das alles zufälligerweise mit Handy dokumentierte und ins Netz stellte. Böse Zungen würden einen Zusammenhang sehen, dass er am nächsten Tag sein neues Album angekündigt hat, aber wer bin ich, dass ich darüber urteilen darf.

Wir können jedoch eins aus dem Video lernen und deshalb sollte es in allen Deeskalationsschulungen gezeigt werden: Professionelles Verhalten, auch wenn man beleidigt und gefilmt wird - großes Lob an die beiden Berliner Polizisten, andere hätten da anders reagiert. Somit hatten sie ihre eigenen FANBOYS[78] in den sozialen Medien.[79]

---

[76] Blog-Beitrag vom 26.08.2019
https://www.facebook.com/SicherheitFHorn/posts/2352586521646223
[77] Blog-Beitrag vom 26.08.2019
https://www.facebook.com/SicherheitFHorn/posts/2353655694872639 / Blog-Beitrag vom 26.08.2019
https://www.facebook.com/SicherheitFHorn/posts/2352586521646223
[78] Fler hatte die Beamte in dem Video mehrfach als „Fanboys" bezeichnet, die die Maßnahme ausschließlich aus persönlichen Gründen durchgeführt hätten.
[79] Blog-Beitrag vom 24.09.2019
https://www.facebook.com/SicherheitFHorn/posts/2375488922689316

Weniger schön war die Meldung, dass Oliver Kahns Sponsor "Tipico Wetten" einen Sicherheitsdienst mit Hells Angels Mitgliedern als "Personenschutz" beauftragt hatte. Zunächst einmal unabhängig der Fragestellung "Wieso?", herrschte zu diesem Zeitpunkt ein Rockerkrieg zwischen den Hells Angels und den Bandidos. Als zukünftiges Vorstandsmitglied des FC Bayern Münchens wurde Olli Kahn hier tatsächlich stärker gefährdet, als geschützt[80].

Wenig Fortschritt auch im Fall der Rechnung des Landes Bremen an Werder Bremen für Polizeikosten. Die DFL gibt nur bekannt, dass sie die Rechnung vorerst übernehmen, aber etwa 50% von Werder Bremen zurückfordern werde. Doch worum geht es denn eigentlich? Die Bremische Bürgerschaft hatte beschlossen, Gebührenbescheide für Veranstaltungen zu versenden, die folgende Kriterien erfüllen:
  - kommerzielle Hochrisikoveranstaltung
  - erhöhte Gefahrenlage
  - erhöhtes Polizeiaufkommen (bis zu 1000 und mehr Beamte, statt wie gewöhnlich 200).[81]

Interessanterweise hatte die Deutsche Polizeigewerkschaft im August noch vorgeschlagen, pauschal 50 Millionen Euro pro Saison für Polizeieinsätze in einen Sicherheitsfonds einzuzahlen, dieser Vorschlag fiel aber nicht auf fruchtbaren Boden[82]. Das Bundesland Bremen wird auch nach der Innenministerkonferenz Anfang Dezember neben Rheinland-Pfalz das einzige Land sein, das weiterhin plant, die Kosten für

---

[80] Blog-Beitrag vom 26.08.2019
https://www.facebook.com/SicherheitFHorn/posts/2365445657026
[81] Blog-Beitrag vom 18.12.2019
https://www.facebook.com/SicherheitFHorn/posts/2449643331940541
[82] Blog-Beitrag vom 15.09.2019
https://www.facebook.com/SicherheitFHorn/posts/2345776028993939

Polizeieinsätze im Zusammenhang mit Fußballspielen an die Vereine durchzureichen[83].

## Oktober

Wie wichtig und notwendig ein ganzheitliches Sicherheitskonzept für den Fußball aber eigentlich wäre, zeigte das letzte Quartal in 2019: Die Gewalt im Massensport, vor allem in den unteren Ligen rückte nach heftigen Ereignissen in den Vordergrund. Dabei konnte der eigentliche Aggressor nie pauschal definiert werden, Spieler schlugen nach Schiedsrichterentscheidungen zu, genauso aber auch Zuschauer und Vereinsverantwortliche. Im Juni veröffentlichte der DFB dann eine beängstigende Statistik: Jedes 2.000 Spiel muss abgebrochen werden - in Relation dazu: ca. 90.000 Spiele finden pro Wochenende in Deutschland statt[84]!

Die Referees streikten, Berliner Vereine beauftragten private Sicherheitskräfte als "Bodyguards" und als einziger betroffener Teil der gesamten Diskussion forderte der Schiedsrichterausschuss des Berliner Fußballverbandes ein ganzheitliches Sicherheitskonzept. Der Berliner Fußballverband selbst wollte lieber in Schulungen noch einmal erklären, dass Gewalt eine "doofe" Idee ist.[85]

Auch hier empfiehlt sich ein Blick über die Landesgrenzen zum Beispiel in die Schweiz, hier sind knapp 46% aller Spiele in der ersten und zweiten Liga von Gewalt begleitet[86] - wir

---

[83] Blog-Beitrag vom 05.09.2019
https://www.facebook.com/SicherheitFHorn/posts/2360294467542095
[84] Blog-Beitrag vom 11.07.2019
https://www.facebook.com/SicherheitFHorn/posts/2322588407979368
[85] Blog-Beitrag vom 29.11.2019
https://www.facebook.com/SicherheitFHorn/posts/2432090370362504 / Blog-Beitrag vom 15.11.2019
https://www.facebook.com/SicherheitFHorn/posts/241896036834217 / Blog-Beitrag vom 11.11.2019
https://www.facebook.com/SicherheitFHorn/posts/2415383452033196
[86] Blog-Beitrag vom 05.07.2019
https://www.facebook.com/SicherheitFHorn/posts/2318945468343662

stehen also nicht alleine dar und könnten aufgrund der gemeinsamen Herausforderungen in Europa wegweisend mit unseren Lösungen sein. Wenn wir denn nur wollten….

Aber wieder zurück nach Deutschland, als Reaktion auf die Gewalt forderte Innenminister Reul eine bessere Ausbildung von Ordnungsdiensten in den Stadien, damit vor allem Pyrotechnik nicht hinein gelangen kann[87]. Auf die Frage, wie denn Pyrotechnik die Einlasskontrolle passieren könne, kann es immer noch gültige Aussagen geben: Beispielsweise durch das Einschmuggeln durch das Catering, Ordner, die sich aus der Fangruppierung bilden, aber auch gewaltsam, wie durch das Überrennen der Sicherheitskontrolle. Mal wieder hätte ein ganzheitliches Sicherheitskonzept gefordert werden können[88].

Nirgendwo eine Reaktion auf die Vorkommnisse und negativen Meldungen in der Sicherheitsbranche? Doch, eine kleine Stadt vor den österreichischen Alpen möchte etwas ändern und will einen eigenen Sicherheitsdienst gründen. Münchener Liegenschaften sollen durch eigenes Sicherheitspersonal bewacht werden. Das Ziel: eine gesteigerte und spürbare Qualitätserhöhung für die Verwaltung und Bürger[89].

Grund dafür waren wohl auch die sommerlichen negativen Schlagzeilen vom Isar-Ufer, wo ein von der Stadt beauftragter privater Sicherheitsdienst Frauen, die oben ohne sonnten, sehr ruppig zurechtgewiesen habe, sich doch wieder zu bekleiden[90].

---

[87] Blog-Beitrag vom 24.07.2019
https://www.facebook.com/SicherheitFHorn/posts/2331051157133093 / Blog-Beitrag vom 22.07.2019
https://www.facebook.com/SicherheitFHorn/posts/2329748510596691
[88] Blog-Beitrag vom 05.11.2019
https://www.facebook.com/SicherheitFHorn/posts/2409983209239887 / Blog-Beitrag vom 30.10.2019
https://www.facebook.com/SicherheitFHorn/posts/2405039103067631
[89] Blog-Beitrag vom 18.10.2019
https://www.facebook.com/SicherheitFHorn/posts/2394073980830810
[90] Blog-Beitrag vom 24.06.2019
https://www.facebook.com/SicherheitFHorn/posts/2311360299102179

Der erste Anschlag mit Opfern in der Bundesrepublik im Oktober, doch diesmal kein islamistischer Terror? Was ist da schief gegangen, waren wir mal wieder auf dem rechten Auge blind? Haben wir mal wieder nichts aus der Vergangenheit gelernt? NSU? NSU 2.0? Der Mord an Walter Lübke? Das schnelle kollektive Aufatmen, dass es "nur" ein Rechter Attentäter war und eben nichts "islamistisches", zeigte, wie wir mit der Bedrohung durch radikalisierte - egal welcher Form - Einzeltäter ganzheitlich umgehen. Umso schwerwiegender auch der Fakt, wie die Branche - übrigens es gab ein einziges Statement des BDSW zu den Verflechtungen - mit den Vorwürfen zu Vereinen und Rechtsextremismus und erst Recht mit den tatsächlichen Vorwürfen aus Cottbus, Chemnitz, Crossen und überall, wo politisch motivierte Gewalt und Fremdenfeindlichkeit offen und aktiv gelebt wurde, umging[91]. Wir sollten uns für das Schweigen schämen!

Ebenfalls eine lange Meldung Wert: Die offenen Stellen in der Sicherheitsbranche steigen auf knapp 13.000, rund 2,1 Millionen Stunden Mehrarbeit jeden Monat für Sicherheitsmitarbeiter, da die Aufträge der Branche weiterhin florieren[92]. Nicht zu vergessen, das ist nur der an die Bundesagentur für Arbeit gemeldeter Bedarf, das Dunkelfeld wird einige Tausend Stellen mehr betragen. Doch haben wir eigentlich eine Antwort auf die Problemstellungen und Herausforderungen, die sich daraus ergeben? Wenn man sich die Entwürfe der Gesetzesvorlagen, die Änderungen der DIN 77200 und andere Diskussionen ansieht, dann ist nirgendwo eine Steigerung der Einstiegsqualifikation, geschweige dann die Abschaffung der Unterrichtung und Sachkundeprüfung gefordert – alles, was die Attraktivität wirklich steigern könnte.

---

[91] Blog-Beitrag vom 10.10.2019
https://www.facebook.com/SicherheitFHorn/posts/2387194248185450
[92] Blog-Beitrag vom 02.10.2019
https://www.facebook.com/SicherheitFHorn/posts/2380835595487982

Ganz im Gegenteil, der BDSW erwartet noch stärker von der Bundesagentur für Arbeit die Fördermöglichkeiten zu prüfen - klassischer Fall von Masse statt Klasse[93]. Und wieder einmal steht die Forderung im Raum: Hört mehr auf die Wissenschaft! Der "Stellenforecast Sicherheitsmanagement 2019" der Northern Business School in Hamburg zeigt - Zitat: "Stellenanzeigen für die Sicherheitswirtschaft beinhalteten 2018 vergleichsweise viele Anforderungen, die nicht mit einer zukunftsorientierten Aufgabenwahrnehmung in Verbindung gebracht werden können."[94] Das soll also unsere Antwort auf das Problem sein?

Manche Historiker behaupten ja, dass das Sicherheitsgewerbe das älteste Gewerbe der Welt ist - ich will mich gar nicht darüber streiten, ob wir es sind, oder naja, ihr wisst schon... Doch manchmal kommt es mir wirklich so vor, als würden wir alt und verstaubt das Rad neu erfinden wollen und Fragen auf Antworten suchen, die in anderen Branchen schon gar nicht mehr gestellt werden.

Und uns gegenseitig das Personal abzuwerben, weil Wechselprämien zwischen 150 und 6.000 Euro inzwischen Standard geworden sind, kann doch auch keine langfristige Lösung für die Stabilität und die Attraktivität des Marktes und des Berufes sein. Natürlich wird sich der Mitarbeiter durch häufige Wechsel seine angemessene Bezahlung erwirken, aber für die Gesamtstruktur einer Branche vor allem in der direkten Konkurrenz zu kommunalen Ordnungsbehörden, Landes- und Bundespolizei, die alle personell aufrüsten müssen, kann es nur schaden, wenn wir uns da auch noch selber kannibalisieren.

---

[93] Blog-Beitrag vom 08.04.2019
https://www.facebook.com/SicherheitFHorn/posts/2261567540748122
[94] Blog-Beitrag vom 23.02.2019
https://www.facebook.com/SicherheitFHorn/posts/2237578176480392

**November**

Man hätte meinen können, aus dem Vorfall im Bode-Museum sei über notwendige Sicherheitsmaßnahmen bei der öffentlichen Ausstellung von Kunstwerken gelernt worden - nein, das ist erneut keine Wiederholung.

In den frühen Morgenstunden des 26.11.2019 rasten Streifenwagen zum Grünen Gewölbe in Dresden. Sie waren durch den verantwortlichen Sicherheitsmitarbeiter per Telefon - und nicht wie in der Dienstanweisung beschrieben über den Handdruckknopfmelder - informiert worden, der über die Videoüberwachung kurz zuvor Täter beobachtet hatte, die mit Äxten auf Vitrinen einschlugen.

In einer ersten Pressekonferenz versicherten die Museumsverantwortlichen, dass ein ausgeklügeltes Sicherheitskonzept mit dem LKA erarbeitet wurde, der Vorfall belege aber mal wieder, dass es keine hundertprozentige Sicherheit gebe[95].

Die nachfolgend bekannt gewordenen Details zeigten aber, dass es mit den technischen Sicherheitskonzepten wohl doch nicht so gut gestellt war: Die relativ schnell veröffentlichten Bilder des Tathergangs belegten kaum etwas. Kein Wunder, war das ganze Videokonzept doch darauf ausgelegt, dass die Beleuchtung der Straßenlaternen vor dem Museum die Lichtquelle darstellen sollten. Diese waren aber durch einen Brand am Trafo - offenbar durch die Täter gezielt gelegt - ausgeschaltet worden[96].

Ebenso überraschend kam für den Sicherheitschef, dass die Versprechungen des Herstellers bezüglich des Sicherheitsglases (15 Minuten-Angriff mit einer Axt

_____

[95] Blog-Beitrag vom 26.11.2019
https://www.facebook.com/SicherheitFHorn/posts/2428883577349850
[96] Blog-Beitrag vom 28.11.2019
https://www.facebook.com/SicherheitFHorn/posts/2430771987161009 / Blog-Beitrag vom 27.11.2019
https://www.facebook.com/SicherheitFHorn/posts/2429815453923329

standhalten) nicht stimmten[97] - warum wird so etwas nicht vorher geprüft?

Viel Kritik ernteten auch die Sicherheitsmitarbeiter, die nicht eingegriffen hätten. Das Museum begründete dies mit den Vorgaben zur Eigensicherung - auch von mir nachvollziehbar - andere jedoch forderten eine bessere Ausbildung bis hin sogar zur Bewaffnung, um Kunstschätze besser zu schützen. Vertreter der Northern Business School sahen die mediale Aufmerksamkeit auch als Werbung für Nachahmungstäter[98] - die Fälle dieses Jahr zeigten, dass diese Vision bereits eingetreten war.

Auch nach dem Einbruch im Bode-Museum zeigte es sich, dass die Museen sicherheitstechnisch in den 1980er Jahren stehengeblieben sind[99].

Museale Einrichtungen stehen übrigens nicht allein da - drei Jahre nach dem Anschlag auf den Breitscheidplatz hatte Berlin immer noch keine Lösung zur Sicherung von öffentlichen Plätzen gefunden. Größte Herausforderung für die Politik: Es wird intensiver über die Schönheit und Ansehnlichkeit der Maßnahmen diskutiert, als über die Wirksamkeit[100]. Auch andere Fragen wie, mit wie viel Tonnen Gewicht wurde die Barriere getestet (standardmäßig 7,5t, der Anschlags-LKW von Anis Amri wog mindestens 40t)? Oder auch, wer denn wirklich glaube, dass am Breitscheidplatz nochmal ein Anschlag mit LKW stattfinden werde?

---

[97] Blog-Beitrag vom 28.11.2019
https://www.facebook.com/SicherheitFHorn/posts/2431018573803017
[98] Blog-Beitrag vom 29.11.2019
https://www.facebook.com/SicherheitFHorn/posts/2432097077028500
[99] Blog-Beitrag vom 03.12.2019
https://www.facebook.com/SicherheitFHorn/posts/2435694323335442
[100] Blog-Beitrag vom 26.11.2019
https://www.facebook.com/SicherheitFHorn/posts/2428889920682549 / Blog-Beitrag vom 23.11.2019
https://www.facebook.com/SicherheitFHorn/posts/2426132104291664

Der Deutsche Städtetag hatte hierzu bereits im Februar gefordert, einen einheitlichen Standard mit eindeutigen Prüfanforderungen zu entwickeln[101].

Und wie sieht es mit Abwehrmechanismen für technologisierte Angriffe beispielsweise durch Drohnen aus?

Im August wurde die Senatsverwaltung für Inneres befragt, welche Maßnahmen bezüglich der Drohnenabwehr seit 2016 getroffen wurden. Zusammengefasst – bisher keine, die in Zeiten von Anschlägen mit Drohnen zielführend wären: Einrichtung eines „Ansprechpartners Drohnen", Aufbau einer „Informationssammelstelle Drohnen Berlin", Workshop für Führungskräfte in den Räumlichkeiten der Polizeiakademie mit Impulsvorträgen von zwei externen Drohnenspezialisten und verstärkte Zusammenarbeit mit der Sicherungsgruppe des Bundeskriminalamtes zur Drohnenabwehr[102].

Aber benötigen wir diese Diskussion überhaupt? Seit 2015 ist die Anzahl der Todesopfer durch Terroranschläge deutlich rückgängig, auch wenn die Anzahl der erfolgreich und nicht erfolgreich durchgeführten Taten etwa gleichbleibend ist[103].

Dass es aber in Deutschland auch anders geht, als Aktionismus zu betreiben, zeigte der hessische Innenminister. Dieser informierte sich nämlich in London - einer der sicherlich gebeuteltsten Städte durch Anschläge - über technische, bauliche und organisatorische Maßnahmen, was funktioniere und was nicht. Zudem wurden Schulungen und Austauschveranstaltungen mit dem britischen

---

[101] Blog-Beitrag vom 15.02.2019
https://www.facebook.com/SicherheitFHorn/posts/2232920750279468
[102] Blog-Beitrag vom 31.08.2019
https://www.facebook.com/SicherheitFHorn/posts/2356793454558863
[103] Blog-Beitrag vom 22.11.2019
https://www.facebook.com/SicherheitFHorn/posts/2425302144374660

Inlandsgeheimdienst MI5 vereinbart[104] - eigentlich Vorbildcharakter für den Rest der Republik.

Auch im November: Die lang erwartete und bundesweit durchgeführte Schwerpunktkontrolle im Sicherheitsgewerbe durch den Zoll. In vielen Bundesländern und Städten wurden Sicherheitsmitarbeiter und Unternehmen überprüft, so beispielsweise im Kölner Raum, in Frankfurt, Nürnberg sowie im Saarland und in Rheinland-Pfalz. Überall gab es durchschnittlich circa 50 Anfangsverdachte und Prüfanlässe, außer in Hessen - hier etwa 200 Fälle[105].

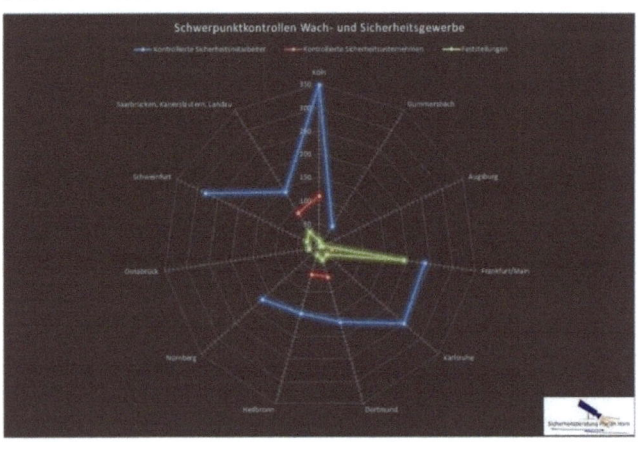

Am Ende des Tages das Ergebnis[106]:

- bundesweit waren 2.810 Zöllner und 128 Beschäftigte der Landesfinanzbehörden im Einsatz und haben
- 6.658 Sicherheitsmitarbeiter und

[104] Blog-Beitrag vom 12.07.2019
https://www.facebook.com/SicherheitFHorn/posts/2322976461273896
[105]
https://www.facebook.com/marktplatzsicherheit/photos/a.187068302052263/5
80533266039096/?type=3&theater
[106] Blog-Beitrag vom 25.11.2019
https://www.facebook.com/SicherheitFHorn/posts/2428149850756556

- 691 Geschäftsunterlagen überprüft sowie
- 67 Ermittlungsverfahren (vor allem bezüglich Vorenthaltung von Sozialversicherungsbeiträgen, den unrechtmäßigen Bezug von Sozialleistungen, Fälle illegalen Aufenthalts, die Verletzung sozialversicherungsrechtlicher Meldepflichten, das Nichtmitführen von Ausweispapieren aber auch Mindestlohnverstöße) eingeleitet
- 1.390 Fällen sind derzeit noch in Prüfung.

Mit dem Mord an dem Arzt und Sohn des verstorbenen Bundespräsidenten Richard von Weizsäcker während eines Fachvortrages entflammte erneut eine Diskussion über die Sicherheit in Krankenhäusern. Nicht nur dieser dramatische Fall, sondern auch regelmäßige Polizeieinsätze in den Notaufnahmen, bis hin zur Schließung und Evakuierung einer Notaufnahme in Schwerin nach einem Angriff auf einen Sicherheitsmitarbeiter[107], heizten die Debatte an. Die schnelle Forderung nach einem privaten Sicherheitsdienst wirkte wieder mal wie ein Automatismus, die Frage, was private Sicherheitskräfte hier tun sollten, wenn bereits die Polizei regelmäßig bei Clan-Schlägereien überfordert ist, beantwortete niemand[108].

## Dezember

Im letzten Monat des Jahres scheiterte Werder Bremen mit dem Antrag bei der DFL die Kosten von Polizeieinsätzen zu Dritteln. Heim- und Gastmannschaft sowie die DFL sollten zahlen und nach eindeutiger Ablehnung des Gremiums mit 34 von 36 Stimmen möchte Werder Bremen nun den Rechtsweg

---

[107] Blog-Beitrag vom 11.12.2019
https://www.facebook.com/SicherheitFHorn/posts/2443207079250833
[108] Blog-Beitrag vom 25.11.2019
https://www.facebook.com/SicherheitFHorn/posts/2427986470772894

einschlagen[109]. Auch Innenminister, wie der hessische, begrüßten die Entscheidung, sodass wir stark davon ausgehen können, dass uns dieses Politikum auch im kommenden Jahr beschäftigen wird[110]. Kurz vor knapp dann die Information, dass auch der Hamburger Senat Gebührenbescheide versenden wird - der Widerstand scheint (endlich) zu bröckeln[111].

Das Jahr 2019 zeigte exemplarischer als 2018, wie sich Ereignisse wiederholen, wie wenig daraus gelernt wurde und wie oft die eigentlich immer gleichen Maßnahmen wie Mitarbeitersuspendierung, Versprechen einer lückenlose Aufklärung, Verurteilung der Ereignisse, etc. als Standard-Ritual griffen. Haben wir wirklich aus den einzelnen Ereignissen gelernt? Einbruch bleibt Einbruch, ob es nun in das Bode-Museum, in eine Marzahner Schule oder das Grüne Gewölbe ist. Gewalt ist Gewalt, ob es nun gegen Sicherheitskräfte oder gegen Schutzbefohlene geht. Ein Nazi bleibt ein Nazi, egal, ob man dies im Privatleben oder im Beruf ist. Ausreden sind Ausreden, ganz egal, wie stark betont wird, dass es diesmal ganz anders und daher nicht vorhersehbar war. Und Lernen sollte Lernen bleiben, ob nun aus der Geschichte oder aus einzelnen Ereignissen.

---

[109] Blog-Beitrag vom 04.12.2019
https://www.facebook.com/SicherheitFHorn/posts/2436466646591543
[110] Blog-Beitrag vom 11.12.2019
https://www.facebook.com/SicherheitFHorn/posts/2436470506591157
[111] Blog-Beitrag vom 18.12.2019
https://www.facebook.com/SicherheitFHorn/posts/2449643331940541

# 5. Das war das Jahr 2020

## Januar

Das Jahr 2020 startete im Januar mit einem altbekannten Klassiker aus dem Vorjahr - mit dem Einbruch in das Grüne Gewölbe. Mit den ergänzenden Informationen aus Medienberichten wirkte die Tat nicht nur in der Begehungsweise des Einbruchs verstörend. Auch die Umstände wie privat ermittelt wurde. Am Ende erinnerte die Tatbegehung der Täter sehr stark an das Vorgehen im Bode-Museum. Aber eins nach dem anderen: Ergänzend zu den Informationen aus dem letzten Jahr hatte die BILD-Zeitung nun recherchiert, dass die israelische Sicherheitsfirma CGI des früheren israelischen Geheimdienstchef Jacob Perry Handy- und Kameradaten der Museumsmitarbeiter ausgewertet habe. Vor allem die Sicherheitsmitarbeiter seien von der Maßnahme betroffen gewesen. Dabei wurde festgestellt, dass offenbar sicherheitsrelevante Informationen an einen Verdächtigen weitergegeben wurden.[112]

Offensichtlich bestätigte sich dadurch der Verdacht, dass die Täter Hilfe von einem Insider erhalten hatten. Ob die Sicherheitsfirma mit eigenen Mitteln oder mit einer von Dritten finanzierten Beauftragung nach den Tätern suchte, blieb den ganzen Januar über nebulös. Die Israelis durchleuchteten nach Informationen der BILD-Zeitung über einen Monat lang das gesamte Sicherheitspersonal und gaben die dort festgestellten Ergebnisse an die Polizei weiter. Die Firma CGI war nach eigenen Angaben wohl Ende November direkt nach dem Kunstraub von den Staatlichen Kunstsammlungen Dresden engagiert worden, um unter anderem das Sicherungskonzept

---

[112] https://www.facebook.com/SicherheitFHorn/posts/2464726753765532
03.01.2020

im Grünen Gewölbe zu durchleuchten[113]. Genauso dubios wie das Vorgehen bzw. die Beziehung dieses Sicherheitsunternehmens waren auch der Umgang der Täter mit dem gestohlenen Gegenständen. Erstmals sieben Wochen nach dem Juwelenraub wurden zwei Brilliantgarnituren im Internet zum Kauf angeboten - für 9 Millionen Euro, unter anderem der israelischen Sicherheitsfirma CGI sowie dem MDR.[114][115][116]

Das Museum an sich reagierte auf die Umstände des mangelnden Perimeterschutzes dadurch, dass das beauftragte deutsche Sicherheitsunternehmen mit mehreren - angeblich gepanzerten Fahrzeugen – das Grüne Gewölbe von außen beobachtete, um damit schneller Informationen bei einem möglichen zweiten Einbruch an die Polizei weitergeben zu können.[117]

Sicherheitstechnik ist in diesem Zusammenhang auch ein gutes Stichwort: Die Frage kam Ende Januar auf, ob die Täter tatsächlich Insiderinformation auch unabhängig vom Sicherheitspersonal hatten oder ob die Täter nicht aufgrund eines Zufalls einfach schneller waren. Denn schon vor dem Einbruch im Grünen Gewölbe wurde der Austausch der häufig und öffentlich kritisierten Überwachungskameras beauftragt bzw. geplant. Das teilte das sächsische Wissenschafts- und Kunstministerium auf Anfrage der Linksfraktion im Landtag

---

[113] https://www.facebook.com/SicherheitFHorn/posts/2471262013112006 10.01.2020
[114] https://www.facebook.com/SicherheitFHorn/posts/2471260766445464 10.01.2020
[115] https://www.facebook.com/SicherheitFHorn/posts/2471262013112006 10.01.2020
[116] https://www.facebook.com/SicherheitFHorn/posts/2474212526150288 13.01.2020
[117] https://www.facebook.com/SicherheitFHorn/posts/2471262013112006 10.01.2020

mit. Man hatte die als zu optimierenden Komponenten bereits identifiziert und im ersten Quartal des Jahres 2020 sollte mit dem Austausch begonnen werden.[118]

Die Sicherheitsfirma CGI beteuerte im Verlauf des Monats und in mehreren Interviews, dass sie tatsächlich die Informationen, die sie über das Dark Web erhalten hatte, an die Dresdner Staatsanwaltschaft weitergegeben hatte. Diese dementierte fast sieben Tage, dass ihnen keine Informationen vorlagen, was wiederum das Bild des dubiosen Handelns der Israelis bestätigte. Am 15. Januar musste jedoch die Staatsanwaltschaft einräumen, dass sie tatsächlich diese Information zur Verfügung gestellt bekommen hätte, jedoch der Pressesprecher der Dresdner Staatsanwalt (Herr Oberstaatsanwalt Jürgen Schmidt) sieben Tage im Urlaub gewesen wäre und die an ihn gesandten Mails im Postfach unbearbeitet liegen geblieben waren.[119]

Die Israelis konnten sich damit ein wenig von den Vorwürfen befreien, nichtsdestotrotz beteuerten weiterhin die Staatliche Kunstsammlungen Dresden, dass kein externes Unternehmen beauftragt wurde. Ende Januar kamen erneut Gerüchte auf, dass offensichtlich die Täter nicht mit einem Auto geflohen seien, sondern mit dem Fernbusunternehmen FlixBus. Ob sich diese Informationen bestätigten oder nicht blieb bis Ende Januar offen.[120]

Ebenso im Jahr 2020 zeichnete sich im Januar ein Ende des Prozess um den Goldmünzendiebstahl im Bode-Museum ab.

---

[118] https://www.facebook.com/SicherheitFHorn/posts/2481671468737727
22.01.2020
[119] https://www.facebook.com/SicherheitFHorn/posts/2476143185957222
15.01.2020
[120] https://www.facebook.com/SicherheitFHorn/posts/2488524404719100
31.01.2020

Die Staatsanwaltschaft forderte in ihren Plädoyers vom 20. Januar Strafen in Höhe von fünf bis sieben Jahren Haft. Konkret für den Sicherheitsmitarbeiter Dennis W., der unter anderem die Insiderinformationen zu dem beschädigten Fenster und zu der nicht intakten Einbruchmeldeanlage gegeben haben soll, forderte sie sechs Jahre Haft.[121]

Aufgrund der Fluchtgefahr beantragte die Staatsanwaltschaft Haftbefehle sowie die Einziehung des Wertes der Tatbeute in Höhe von 3,75 Millionen Euro. Die Verteidigung forderte eine Woche später Freisprüche mit der Begründung, dass es keine überzeugenden Indizien gebe, keine tatbezogene DNA, keine Gold- oder Glasfaserspuren an der Kleidung der Mandanten sowie keine aussagekräftigen Aufnahmen von Überwachungskameras. Darüber hinaus gebe es keine Zeugen, keine eindeutigen Spuren und dieser Prozess wäre rein indizienbezogen. Aus Sicht der Verteidigung würden auch die vorgelegten Indizien nicht für eine Verurteilung ausreichen.[122]

Am Ende wird die gleiche Gewissheit, wie beim Loveparade-Prozess bleiben: Bloß, weil sich etwas in die Länge ziehe, heißt es noch lange nicht, dass mehr Antworten generiert werden, wenn die Beweislage von Anfang an sehr dürftig war[123].

Im Monat Februar kam dann der lang erwartete Urteilsspruch. Knapp drei Jahre nach dem Ereignis, wurde durch das Berliner Landgericht die Strafe verhängt: Die Urteile

---

[121] https://www.facebook.com/SicherheitFHorn/posts/2480554638849410 20.01.2020
https://www.facebook.com/SicherheitFHorn/posts/2480557468849127 20.01.2020
[122] https://www.facebook.com/SicherheitFHorn/posts/2487001391538068 29.01.2020
[123] https://www.facebook.com/SicherheitFHorn/posts/2467604896811051, 06.01.2020

fielen hier in Form von Jugendstrafen von drei bis knapp viereinhalb Jahren Haft aus, wobei der tatbeteiligte 21-jährige Sicherheitsmitarbeiter eine Haftstrafe von drei Jahren und vier Monaten erhielt. Dennis W. soll gemäß Urteilsspruch für die gegebenen Insiderinformationen einen Betrag in Höhe von 100.000 Euro erhalten haben, was auch dazu führte, dass dieser Betrag von ihm eingezogen werden sollte.[124]

Parallel zum Urteil begann der Prozess der vierten Zivilkammer in Berlin, bei dem es um die Frage ging, wer welchen Beitrag zum Einbruch ins Bode-Museum geleistet. Zusätzlich musste geklärt werden, ob eine eventuelle Obliegenheitsverletzung für die ausgeschaltete Alarmsicherung am Fenster vorlag. Gerichtlich geprüft werden sollte, ob die Versicherung für die gestohlene 100 kg Münze vollständig in der Höhe des Wertes von 3,75 Millionen aufkommen muss oder ob auch das Bode-Museum wegen Fahrlässigkeit, wenn nicht sogar wegen Vorsatz, einen Teilbetrag dazu zahlen muss.[125]

Eine besonders erschreckende Parallele wurde im selben Monat zwischen dem NSU (dem Nationalsozialistischen Untergrund) und einem Sicherheitsmitarbeiter aus dem Kasseler Raum gezogen. Dieser Zusammenhang war mit den Ermittlungen zum Mord um Walter Lübcke in alten Vernehmungsprotokollen des Polizeipräsidiums Mittelfranken aufgetaucht. Dieses hatte damals gegen einen ehemaligen Mitarbeiter des Landesamtes für Verfassungsschutz ermittelt, der im Zusammenhang mit den NSU Morden (explizit den Morden in Nürnberg und in Kassel) immer wieder aufgetaucht war. Gemäß entsprechendem Protokoll wurde zehn Wochen

---

[124] https://www.facebook.com/SicherheitFHorn/posts/2503811553190385, 20.02.2020
[125] https://www.facebook.com/SicherheitFHorn/posts/2505491529689054, 22.02.2020

nach dem Mord in Kassel (06. April 2006) ein Mitarbeiter eines Kasseler Sicherheitsunternehmen befragt: Dieser gab zu Protokoll mit dem Mitarbeiter des Landesamtes für Verfassungsschutz in den gleichen Rockerkreisen verkehrt gehabt und an Schießübungen mit ihm teilgenommen zu haben. Diese Schießübungen wurden mit der Dienstwaffe des Sicherheitsmitarbeiters durchgeführt, die dem gleichen Typ entspricht, mit dem der Politiker Lübcke im Jahr 2019 ermordet wurde.

Der Mitarbeiter verfügte darüber hinaus über ein Handy, das sich zweimal zeitgleich in unmittelbarer Tatortnähe in die Funkzelle eingebucht hatte, die auch relevant für die Örtlichkeit war, an der die zwei Morde geschahen. Laut Bundesanwaltschaft gab der Wachmann darüber hinaus dem Mitarbeiter des Landesamtes für Verfassungsschutz ein Alibi für den Mord in Nürnberg. Die Ermittlungen dauern weiterhin an. Ob hierzu weitere Parallelen gezogen werden können, die noch intensiver den Zusammenhang zwischen Sicherheitsdienst und NSU-Morden belegen, ist offen.[126]

Weiterhin begleitete uns im Januar die Diskussion um Pyrotechnik. Hessens Innenminister Peter Beuth (CDU) preschte mal wieder vor und forderte härtere Strafen beim Abbrennen von Pyrotechnik in Fußballstadien. Schon heute ist das Entzünden von Bengalos in Menschenmassen strafbar, alle Innenminister waren sich jedoch darüber hinaus einig, dass dies vor allem mit dem Bezug zum Fußball härter bestraft werden sollte.[127]

---

[126] alle Ausführungen:
https://www.facebook.com/SicherheitFHorn/posts/2472409439663930
11.01.2020
[127] https://www.facebook.com/SicherheitFHorn/posts/2474296496141891
13.01.2020

Fankurven sollten keine rechtsfreien Räume (mehr) darstellen und friedliche Fußballfans auch nicht mehr akzeptieren, wenn sie von Chaoten, Ultras oder Hooligans gefährdet würden. Diese Form der Gefährdung hätte nichts mit Fankultur zu tun hätte. Alle, die daran beteiligt sind eine Fußballpartie zu organisieren und durchzuführen, würden die Verantwortung tragen, dass niemand gefährdet werde.

Im gleichen Zusammenhang verurteilte das Sportgericht des DFBs die Vereine St. Pauli und HSV unter anderem wegen Fehlverhaltens seiner Anhängerschaft und nicht ausreichendem Ordnungsdienst zu Geldstrafen in Höhe von 90.000 Euro bzw. den HSV in Höhe von 140.000 Euro.[128] Auch Union Berlin war bei gleichen Tatvorwürfen in der Höhe von 140.000 Euro sanktioniert worden.[129]

Bei der Formulierung "nicht ausreichender Ordnungsdienst" bleibt jedoch völlig unklar, ob hier die Qualität des Ordnungsdienstes, die Quantität oder die Umsetzung aus dem Sicherheitskonzept gemeint war. Sicher bleibt der Umstand, dass die Politik und der DFB keine abschließende Antwort auf solche Ereignisse haben.

Wer kann sich noch an den Prozess in Burbach erinnern? Hier waren ja Sicherheitskräfte im Einsatz für die Bewachung einer Asylunterkunft in einem der größten Prozesse der privaten Sicherheitswirtschaft angeklagt. In diesem ging es vor allem um die Misshandlung von Asylbewerbern, das Veröffentlichen von Bildern in Chat-Gruppen sowie Freiheitsberaubungen und Körperverletzungen.

---

[128] https://www.facebook.com/SicherheitFHorn/posts/2478290099075864 17.01.2020
[129] https://www.facebook.com/SicherheitFHorn/posts/2486274264944114 28.01.2020

Kurze Aufregung herrschte Mitte Januar als die Frage aufkam, ob ein zweites Burbach existierte. Denn die Staatsanwaltschaft ermittelte gegen den Betreiber einer weiteren Flüchtlingsunterkunft in Münster - hier traf es diesmal die Johanniter Unfall Hilfe. Diese soll auch gebilligt haben, dass durch den Sicherheitsdienstleister mit Asylbewerbern menschenverachtend umgegangen sein sollte. Ähnlich wie in Burbach bezog man sich hier auf ein existierendes Störzimmer - ein separates Zimmer, in dem Personen untergebracht wurden, wenn sie gegen die Hausordnung verstoßen haben. Der Raum sei zwar nicht entgegen der Verdachtsmomente in Burbach verschlossen gewesen sein, dennoch hätte ein Sicherheitsmitarbeiter als Wachposten vor der Tür gestanden. Angeblich und auch das war zumindest im Zusammenhang mit den anderen Vorwürfen fraglich, soll körperliche Gewalt nicht zum Einsatz gekommen sein.[130]

Dem Düsseldorfer Bäderchef wurde öffentlich Untätigkeit nach den Ereignissen im Sommer vorgeworfen. Im Mittelpunkt der Kritik stand der Vorwurf, dass er seinen Urlaub nicht unterbrochen und darauf verwiesen habe, dass die Ausschreitungen, die in seinen Bädern stattfanden, ein Problem der Polizei gewesen sei. Er argumentierte weiterhin, dass die Aggression aus einem gesamtgesellschaftlichen Problem heraus entstanden sind und er bei der Lösung des Konfliktes auf die Polizei setze.

Dies sah der Aufsichtsrat anders und wollte als Folge neue Konzepte vorgelegt bekommen. Ich fragte mich an dieser Stelle, wie viel Verantwortung ein Einzelner für die Probleme einer Gesellschaft tragen kann, die in seinen unternehmerischen Bereich hineinreichen. Wie können

---

[130] https://www.facebook.com/SicherheitFHorn/posts/2477108692527338 16.01.2020

privatwirtschaftliche Unternehmen dieser Erwartung wirklich Rechnung tragen und wollen wir Placebomaßnahmen sehen, um uns dadurch von einem Teil der Verantwortung freizumachen? Was hätte ein Sicherheitsdienst bei Massenschlägereien mehr gebracht als die Ausrede, dass man nicht mehr hätte machen können? Und hätte man am Ende nicht doch wieder auf staatliche Organe zurückgegriffen?

Diese Fragen bleiben weiterhin unbeantwortet und es zeigte sich im Kern erneut, dass es eher darum geht eine "ich komme aus dem Gefängnis frei"-Karte zu erlangen und ein Bauernopfer zu finden, als sich realistisch und gesamtgesellschaftlich diesem Problem anzunehmen.[131]

In Hessen wird ein Grundsatzurteil gefällt: Private Sicherheitsdienste dürfen aufgrund fehlender Ermächtigungsgrundlage zukünftig auch nicht mehr den ruhenden Verkehr überwachen[132]. Nicht nur Darmstadt zog rasche Konsequenzen aus dem Vorfall und kündigte Verträge mit Sicherheitsunternehmen[133]. Auch die Politik reagierte mit der Forderung zur Übernahme aller durch Auftragskündigung freigestellten Sicherheitsmitarbeiter. Das Ziel: Die Lücken arbeitsplatzsicher zu schließen, die durch vorangegangene Arbeitnehmerüberlassung kompensiert wurden[134].

Neben den vielen traurigen Meldungen, die wir schon zu Beginn des Jahres zu verzeichnen hatten, gab es dann auch endlich im zweiten Drittel des Monats positive Nachrichten. Die

---

[131] https://www.facebook.com/SicherheitFHorn/posts/2480260655545475 20.01.2020
[132] https://www.facebook.com/SicherheitFHorn/posts/2480987252139482 21.01.2020
[133] https://www.facebook.com/SicherheitFHorn/posts/2480652915506249 20.01.2020
[134] https://www.facebook.com/SicherheitFHorn/posts/2485666878338186 27.01.2020

Mindestlohnüberprüfungen, die bereits im letzten Jahr stattgefunden hatten, wurden zum Anfang des Jahres weiter fortgesetzt: Über 100 Beamte der Finanzkontrolle Schwarzarbeit kontrollierten im gesamten Bezirk des Hauptamtes Köln nach dem Schwarzarbeitsbekämpfungsgesetz mehrere Branchen, darüber hinaus gab es auch in anderen Bundesländern Kontrollen. Dort lag aber der Fokus im Wesentlichen nicht auf dem Sicherheitsgewerbe. Abschlussmeldung über alle Branchen kumuliert: Es wurden 185 Ermittlungsverfahren eingeleitet insgesamt kontrollierten die Einsatzkräfte am 31. Januar 10.830 Personen und führten 1.609 Geschäftsunterlagenprüfungen bei den Arbeitgebern durch.[135][136]

Ebenso eine positive Nachricht gab es aus Hannover, wo vier Angestellte eines Sicherheitsunternehmens, die für die Bewachung des dortigen Jobcenters verantwortlich waren, einem Obdachlosen auf eigene Kosten neue Schuhe kauften. Diesem wurden nämlich in der Nacht zuvor seine eigenen gestohlen und daher lief er barfuß durch die Stadt, um nach ein bisschen Geld für ein neues Paar zu fragen.

Die vier Mitarbeiter, die diesen Vorfall mitbekamen, reagierten schnell, unbürokratisch und prägten das (mediale) Bild von hilfsbereiten Sicherheitsmitarbeitern im Januar sehr positiv für uns und unsere Branche.[137]

---

[135] https://www.facebook.com/SicherheitFHorn/posts/2482757251962482
23.01.2020
[136] https://www.facebook.com/SicherheitFHorn/posts/2487268284844712
29.01.2020
[137] https://www.facebook.com/SicherheitFHorn/posts/2487875554783985
30.01.2020

## Februar

Im Februar beherrschte ausschließlich ein Thema die Medien - zwar ohne klassischen und direkten Sicherheitsbezug, wie wir aber sehen werden mit Auswirkungen darauf: In Asien war zunächst in der chinesischen Stadt Wuhan lokal das neuartige Coronavirus (Lungenkrankheit: COVID-19) ausgebrochen und vermutlich durch Touristen und Geschäftsreisende von Asien nach Europa gelangt. Neben einigen lokalen Fällen war zunächst Norditalien am stärksten betroffen gewesen. Hier kam es aufgrund der schnell ansteigenden Fallzahlen sogar soweit, dass einzelne Regionen sowie Orte von der Außenwelt abgeriegelt und vollständig unter Quarantäne gesetzt worden. Im Februar noch unvorstellbar, Ende das Jahres leider auch bei uns Alltag.

Im Rahmen dieser teilweise panischen[138] Berichterstattungen wurde auch in Berlin darüber diskutiert, ob es möglich und realistisch wäre, dass man die Stadt von der Außenwelt abriegeln könnte. Der Pressesprecher der Senatsverwaltung für Inneres versuchte die zuvor sehr unkonkret gebliebene Antwort durch den Innensenator Geisel dadurch zu retten, dass er zunächst von einem hypothetischen Fall sprach. Ebenso verwies er darauf, dass eine Ausbreitung der Coronainfektion in Berlin einen Katastrophenfall darstellen würde, sodass die Instrumente sowie Maßnahmen, die im Katastrophenschutzgesetz geregelt wären, greifen würden. Nichtsdestotrotz wurde betont, dass so ein Ereignis nach dem derzeitigen Stand nicht dazu führen würde, dass man in Berlin

---

[138] Die bewertende Wortwahl wurde hier beibehalten, um einfach darzustellen, dass nicht nur beim Autor der Coronavirus zu Anfang völlig unterschätzt wurde.

Panik haben müsste.[139][140] Veranstalter sowie Unternehmen reagierten auf die Coronapandemie ganz unterschiedlich:

Teilweise wurden Kongresse und Messen abgesagt, andernorts fanden diese Veranstaltungen weiterhin statt. Deutschland war im Februar mit dem ersten Fall des Coronavirus in NRW betroffen, sodass sich die Presse vor allem auf die lokalen Unternehmen und deren Umgang damit konzentrierte. Der Verband für das Hotel- und Gaststättengewerbe hatte bereits relativ frühzeitig darauf reagiert und seine Mitglieder bereits Wochen zuvor über Hygiene- und Schutzmaßnahmen informiert.

Die Telekom mit Hauptsitz in Bonn (NRW) gab nur Reiseempfehlungen für Dienstreisen nach China, Malaysia, Hongkong und Südkorea aus - es wurde davon abgeraten dahin zu reisen. Dass wir im Laufe des Jahres auch zu innerdeutschen Reisewarnungen, Einreiseverboten und Ausweisung von Touristen kommen sollten, war zu diesem Zeitpunkt noch unvorstellbar. Es zeigte sich, dass diejenigen Unternehmen, die durch Pandemieplanungen darauf vorbereitet waren, entspannter auf diese Situation reagierten als Unternehmen, die offenbar erst im Ereignisfall anfingen, Maßnahmen zu ergreifen.[141]

Ganz kurzer Einwurf im Februar: Der Breitscheidplatz wird zur neuen unendlichen Geschichte. Ursprünglich war prognostiziert worden, dass die Umbauarbeiten zum Antiterrorschutz im Jahr 2020 starten sollten. Nun musste man davon ausgehen, dass mit dem angekündigten Baustart im

---

[139] https://www.facebook.com/SicherheitFHorn/posts/2508380486066825, 26.02.2020
[140] https://www.facebook.com/SicherheitFHorn/posts/2507936209444586, 25.02.2020
[141] https://www.facebook.com/SicherheitFHorn/posts/2509137979324409, 27.02.2020

ersten Quartal nicht mehr zu rechnen war und das Provisorium, das nunmehr seit dem vierten Jahr existierte, auch zu diesem Weihnachtsmarkt weiterhin ein Provisorium bleiben wird.[142]

Ebenfalls mit dem Thema rechtsextremistischer Gewalt und rechtsextremistische Verbindungen in Polizeikreisen hatten wir in diesem Monat zu tun. Grundlegende Frage: Warum tun sich die Behörden damit so schwer, solche Tendenzen und Strömungen überhaupt zu erkennen?

In Halle kam ein Forschungsprojekt zu dem Ergebnis, dass rechtsextremistische Gewalt in Wellenbewegung aufschlägt und sich immer entgegengesetzt zu religiös motivierter Gewalt bewegt. Politisch motivierte Straftaten verfügen somit über eine behördliche Karenzzeit, in der das Augenmaß der Ermittlungsbehörden auf das jeweilige Handeln und die Vorbereitungen von Tätern daraufgelegt werden, wo die Wellenbewegung am höchsten ausschlagen.

Dabei helfe auch nicht, dass der Mythos vom "einsamen Wolf" in der Politik und der Gesellschaft aufgebaut und aufrecht erhalten wird. Dieser beschreibt einen Kämpfer, welcher den „schlafenden Bürger" durch sein Handeln versucht aufzuwecken, um zu zeigen, was sich seines Wissens nach in der Gesellschaft wirklich zuträgt. Diese Einzeltäterhypothese sei veraltet, denn es gäbe inzwischen Netzwerke und Strukturen, die Koalitionen eingehen, was auch regelmäßig durch das Aufdecken von Gruppierungen in allen Milieus belegt wird. Beispielsweise kann auch das im Februar aufgedeckte Netzwerks um 16 Rechtsterroristen herangezogen werden. Einer dieser Rechtsterroristen war Polizeibeamter des Landes Nordrhein-Westfalen, welches dann zugeben musste, dass

---

[142] https://www.facebook.com/SicherheitFHorn/posts/2506925552878985, 24.02.2020

gegebenenfalls bei den polizeilichen Hintergrundermittlungen die Personalie des Beamten nicht ausreichend geprüft wurde. Dazu zählte auch ein strafbares Handeln des Polizisten in der Vergangenheit, u.a. das Nutzen von verfassungsfeindlichen Symbolen und Emblemen. Als Behörde musste zugeben, dass einzelne Sachverhalte nicht zusammengetragen wurden, sodass man frühzeitig ein Disziplinarverfahren hätte einleiten können.[143]

Für mich warf dieses Ereignis die Frage auf, inwiefern wir den polizeilichen Überprüfungsmechanismen überhaupt noch vertrauen können. Ebenso, welche Erkenntnisse für unsere Branche daraus gezogen werden können - denn zur Erinnerung: Gemäß § 34a Abs. 1 Gewerbeordnung muss bei der Überprüfung der Zuverlässigkeit eine Stellungnahme der für den Wohnort zuständigen Behörde der Landespolizei eingeholt werden. Und wenn, um es einmal so deutlich auszudrücken, die Landespolizei bei den eigenen Personalen schon versagt, dann stellt sich die Frage, inwiefern hier bei „einfachen Sicherheitsmitarbeitern" korrekt und tiefgründig analysiert und gesucht wird?![144]

Aber die nordrhein-westfälische Polizei war nicht die einzige Polizei, die ein Problem hatte: Ebenfalls im Februar durchsuchten Berliner Polizisten die Wohnung und den Arbeitsplatz eines Kollegen. Diesem wurde Volksverhetzung vorgeworfen sowie die Verwendung von Kennzeichen verfassungswidrigen Organisationen und Teil einer Chat-Gruppe gewesen zu sein, die Gewaltdarstellung und

---

[143] https://www.facebook.com/SicherheitFHorn/posts/2500008583570682, 15.02.2020
[144] https://www.facebook.com/SicherheitFHorn/posts/2503771623194378, Stand: 20.02.2020

rechtsextreme Inhalte geteilt haben soll.[145] Für mich kein Einzelthema, denn es reiht sich in eine Kette von sich wiederholenden Ereignissen im Zusammenhang mit der Polizei ein. Hier an dieser Stelle seien exemplarisch eine kleine Auswahl an Ereignissen des letzten Jahrs um den NSU 2.0 in Frankfurt, aber auch die Thematik Nordkreuz, bei der offensichtlich ein ehemaliger SEK-Beamter Munition in das rechtsextreme Netzwerk eingebracht haben soll, zu nennen.

Mitten in der Karnevalssaison kam es am 24. Februar offenbar zu einem Anschlag auf den Karnevalsumzug in Volkmarsen. Zunächst berichteten Augenzeugen, dass der deutsche Täter Maurice P. sein Auto gezielt in den Umzug gefahren habe, an dem sich auch Kinder beteiligten. Der Fahrer soll dabei mit Vorsatz die Absperrung am Rosenmontagsumzug umfahren und dann beschleunigt in die Menschenmenge gerast sein.

Daraufhin wurden umgehend sämtliche Umzüge in Hessen abgesagt, da das hessische Innenministerium einen Anschlag nicht ausschließen konnte. Die Generalstaatsanwaltschaft Frankfurt am Main übernahm die Ermittlungen gegen den 29-jährigen deutschen Staatsangehörigen aus Volkmarsen wegen des versuchten Mordes - der Täter soll bei der Tatbegehung nüchtern gewesen sein.

Dieses Ereignis führte im Zusammenhang mit der Betrachtung der Anschläge von Hanau sowie von Halle zu der Fragestellung, wie wir öffentliche Veranstaltungen und Einrichtungen schützen können? Möglicherweise lag in der Vergangenheit der Fokus zu stark auf dem islamistischen Terror - siehe Studienerkenntnisse zur Wellenbewegung von

---

[145] https://www.facebook.com/SicherheitFHorn/posts/2503262253245315, Stand: 19.02.2020

Terrorismus aus Halle. Auch der Umgang mit solch einer Bedrohung bewies letztendlich, dass man relativ planlos ist, wie man mit bestimmten Ereignissen umgehen soll – im Vorfeld zur Verhinderung und Nachgang als Reaktion: Die Polizei Mainz beispielsweise reagierte mit einer Pressemitteilung relativ schnell auf  Volkmarsen. Noch am selben Nachmittag beruhigte sie die Bevölkerung mit dem Hinweis, dass nun innerhalb des Veranstaltungsraum Drohnen explizit für den Bereich der Zufahrtsstraßen eingesetzt werden, um auffällige Fahrzeugbewegungen frühzeitig zu erkennen.

Ich eröffnete in diesem Zusammenhang diese kleine Rechenaufgabe: Man möge sich vorstellen, dass ein Auto mit einer Geschwindigkeit von 50 km/h auf eine Menschenmasse zu fahre und die Drohne das Auto in 100 m Entfernung erkennt. Wie viel Reaktionszeit bleibt, um Maßnahmen zum Stoppen des Autos zu initiieren?

Allein auf Basis der Geschwindigkeit des Autos würden 7,14 Sekunden bleiben, die durchschnittliche Reaktionszeit eines Menschen die Gefahr zu erkennen, beträgt 180 ms. Wenn man sich dann noch vorstellt, der Griff zum Funkgerät inklusive Funkspruch dauert vielleicht weitere 3 Sekunden, dann fällt einem relativ schnell auf, dass die übrig gebliebene Reaktionszeit von unter fünf 6 Sekunden zum Stoppen eines Fahrzeuges ohne die Einberechnung des Bremsweges relativ utopisch ist.[146]

Den Jahresrückblick 2019 hatte ich noch mit der Freude über die Fortführung des Jahrhundertprozess gegen Sicherheitsmitarbeiter begonnen. Im Februar 2020 muss ich

---

[146] https://www.facebook.com/SicherheitFHorn/posts/2507168109521396, 24.02.2020

mich an dieser Stelle korrigieren, da der nächste Freispruch im Burbachprozess verkündet wurde.

Der Ausspruch "Groß angekündigt und am Ende keine Verantwortlichen" wurde durch die erste große Strafkammer des Siegener Landgerichts belegt, die einen weiteren Sicherheitsmitarbeiter vom Vorwurf der Beteiligung an zwei Freiheitsberaubungen und Nötigung freisprach. Grund hierfür war, dass eine aktive Beteiligung nicht nachgewiesen werden konnte. Nicht einmal, ob der Mitarbeiter an den entsprechenden Tagen überhaupt Dienst gehabt hätte – völlig unverständlich.[147]

Ist die polizeiliche Beratung noch zeitgemäß? Das ist natürlich eine sehr provokante und stark überspitzte Fragestellung, aber mit den Entwicklungen, die wir schon im Jahr 2019 festgestellt haben, sowie auch zu Beginn 2020 auch eine berechtigte Frage.

In das Sicherstellungsgelände der Polizei in Berlin wird regelmäßig eingebrochen, um dort vermeintliche Spuren in beschlagnahmten Fahrzeugen beispielsweise durch das Entleeren von Feuerlöschern zu vernichten. Das LKA von Sachsen erarbeitete zusammen mit dem Grünen Gewölbe das Schutzkonzept für das Museum, am Ende musste konstatiert werden, dass kein Sicherheitsglas und veraltete Sicherheitstechnik zum Einsatz kam.

Im Februar musste das Hauptzollamt Berlin eingestehen, dass der Zoll in einer Nacht- und Nebelaktionen um 5,2 Millionen beschlagnahmter Zigaretten erleichtert wurde. 5,2 Millionen Stück oder als Gewicht ausgedrückt: 4,9 t sind aus

---

[147] https://www.facebook.com/SicherheitFHorn/posts/2502990676605806, 19.02.2020

der Asservatenkammer des Zolls verschwunden. Das Ergebnis einer erster Berichterstattung war, dass das Berliner Hauptzollamt nicht ausreichend gesichert gewesen sein soll: So sollte es beispielsweise keinen dauerhaften Sicherheitsdienst gegeben haben, der das Gelände bewachte und ebenso war auch hier die Kameratechnik am Eingang veraltet.[148]

Wie soll die Polizei die Wirtschaft schützen, wenn sie schon nicht auf sich selbst aufpassen kann?

## März

Am 2. März kam es auf den Philippinen zu einer Geiselnahme in einem Einkaufszentrum. Geiselnehmer war ein ehemaliger Sicherheitsmitarbeiter, der neben mehreren Besuchern auch mehrere Angestellte in seine Gewalt brachte. Einen ehemaligen Kollegen verletzte er schwer, sodass dieser mit Schussverletzungen in ein Krankenhaus gebracht werden musste. Der Geiselnehmer verlangte unter anderen mit Medienvertretern sprechen zu können. Als seine einzige Forderung zur Beendigung der Geiselnahme verlangte der Täter eine Entschuldigung von seinem Ex-Chef wegen einer subjektiv-empfundenen unfairen Behandlung. Am späteren Nachmittag gab der Geiselnehmer auf und ließ seine Geisel gehen. Danach durfte er mit den Reportern sprechen. Als er in diesem Zusammenhang aggressiv wurde, überwältigte ihn die Polizei.

Für uns bedeutete dieses Szenario, dass es absolut notwendig ist, Maßnahmen zur Prävention von Workplace-Violence in allen Bereichen zu implementieren und Konzepte

---

[148] https://www.facebook.com/SicherheitFHorn/posts/2497518220486385, 12.02.2020

vorzuhalten, die auch diejenigen in die Risikobetrachtung einbeziehen, die oftmals vor solchen Straftaten schützen sollen: Sicherheitsmitarbeiter. Weder unsere Branche noch die dort arbeitenden Mitarbeiter sind davor gefeit ebenfalls zu Tätern zu werden.[149]

Der März stand noch stärker als der Februar im Fokus des Coronavirus, der damit verbundenen Pandemie und den Maßnahmen, die gegen eine Verbreitung eingeführt und umgesetzt werden sollten. Wie schwierig wir uns in der Auslegung der Maßnahmen taten, zeigten an den ersten Spieltagen im März zwei Ereignisse: einerseits bei RB Leipzig, andererseits bei Eintracht Frankfurt. Der Leipziger Sicherheitsdienst hatte, auch wenn das gesamte Spiel unter dem Motto "Love, Peace und Rasenballsport" stand, eine japanische Reisegruppe aus Sorge vor einer Verbreitung des Coronavirus aus dem Stadion verwiesen. In Leipzig wurde offenbar rein nach ethnischen, äußerlichen Merkmalen der Besucher entschieden, ohne dass in irgendeiner Art und Weise belegbare Fakten und Gründe für ein Verweisen des Stadions vorlagen.[150] In Frankfurt hingegen mussten die Besucher, die den Hygieneempfehlungen der Landesregierung gefolgt waren (regelmäßiges Händedesinfizieren und -waschen), ihr mitgeführtes Desinfektionsmittel am Einlass abgeben, da sie den Bestimmungen der Flüssigkeitsmitnahme ins Stadion widersprachen.

Der Besucher, und das stand zu diesem Zeitpunkt schon fest, der sich womöglich in einer engen gedrängten Masse auch über Tröpfcheninfektionen anstecken kann, stufte die Gefährdung für sich persönlich immer noch nicht so hoch ein.

---

[149] https://www.facebook.com/SicherheitFHorn/posts/2512179809020226, Stand 03.03.2020
[150] https://www.facebook.com/SicherheitFHorn/posts/2513123668925840, Stand 03.03.2020

Die Meinung, dass es ausreiche Händedesinfektionsmittel mit ins Stadion zu bringen, stand der Warnung der Virologen entgegen. Es überraschte viel mehr, dass sich die Besucher dahingehend beschwerten, dass sie sich nicht die Hände desinfizieren können, sich dann aber freiwillig dem Risiko einer Tröpfcheninfektion aussetzen wollten.[151]

Eine kuriose Meldung zum Umgang mit Einlasskontrollen bei Fußballspielen gab es vom VfB Stuttgart: Hier wurde den Fans angewiesen, dass sie bei der Einlasskontrolle dem Ordnungsdienst den Rücken zu zudrehen haben, damit kein Face-to-Face-Kontakt entstünde.[152]

In der zweiten Märzwoche gab es dann diese Hammermeldung: Auch wenn es - zumindest aus Sicht einer Lagebeurteilung - erwartbar gewesen wäre, dass uns nach den Veranstaltungsabsagen Mitte Februar in der Schweiz diese Maßnahmen auch in Deutschland treffen würden, überraschte die Verkündung am 8. März durch Bundesgesundheitsminister Jens Spahn eine ganze Sparte.

Sein Ministerium empfahl, dass alle Veranstaltungen mit mehr als 1000 Teilnehmern abgesagt werden sollten. Diese Empfehlung, wurde von einigen Bundesländern aufgegriffen und in geltendes Recht umgesetzt. Dies hatte nicht nur zur Folge, dass nun auch in Deutschland eine Diskussion über den wirtschaftlichen Schaden entstand, sondern auch, dass viele kleine und mittelständische Unternehmen um ihre Existenz bangten.

---

[151] https://www.facebook.com/SicherheitFHorn/posts/2515004112071129, Stand 05.03.2020
[152] https://www.facebook.com/SicherheitFHorn/posts/2517659608472246, Stand: 09.03.2020

Ich sprach in meinem Podcast[153] mit einigen Unternehmen und mir wurde ein unterschiedliches Bild widergespiegelt: Auf der einen Seite der Sicherheitsunternehmer, der sich aufgrund der allgegenwärtigen Branchenforderung nach Fokussierung als Veranstaltungssicherheitsdienstleister spezialisiert hatte. Dieser machte sich ernsthafte Gedanken über die Zukunft seines Unternehmens, da die Jahresplanung mehrere Festivals und Veranstaltungen einschloss. Keiner wusste genau, was da noch auf uns zukommen würde und dass das erst der Anfang war!

Andere Unternehmen wiederum profitierten in einem im erheblichen Maße von der aktuellen Situation. So zum Beispiel ein Unternehmen, das im Bereich des Einzelhandels und der Krankenhaussicherheit tätig ist. Diese Form der Dienstleistung, nämlich die Beschränkung der Zugänge, die Umsetzung der jeweiligen Eindämmungsverordnungen und die Sicherstellung der Arbeitsprozesse waren am Markt gefragt wie nie.[154]

Ebenfalls in diesem Monat weitere zukunftsweisenden Nachrichten für das Sicherheitsgewerbe. Nicht nur, dass inzwischen sämtliche Veranstaltungen abgesagt wurden, die Festivalzeit erheblich bedroht war, Bundesligaspiele nicht mehr nur noch Geisterspiele waren, sondern allesamt eingestellt wurden, drohte nun auch nach einer Gesetzesinitiative der Bundesregierung der nächste Markt einzubrechen. Hauptversammlungen dürfen aufgrund einer neuen Gesetzesvorlage zukünftig ins Internet verlagert werden. Sie seien nun nicht mehr zwingend als Präsenzveranstaltungen abzuhalten, sondern wie auch bereits in anderen europäischen Ländern virtuell durchführbar. Dies wird wohl vor allem die Sicherheitsunternehmen betreffen, die bei den großen Dax-

[153] https://youtu.be/5UuxqcEmcoE
[154] https://www.facebook.com/SicherheitFHorn/posts/2516945935210280,
Stand: 08.03.2020

Unternehmen die jährlichen Hauptversammlungen mit einer erheblichen Anzahl von Personal betreuen. Diese Veränderungen werden wohl nicht nur eine kurze Zeitspanne betreffen, sondern mit der Eröffnung des Weges in eine digitale Welt auch eine langfristige Wirkungen haben.[155]

Der Bundesverband der Sicherheitswirtschaft (BDSW) machte in der gesamten Coronakrise keine gute Figur. Nachdem der Verband seit Anfang März nicht darauf eingegangen war, dass vor allem kleine Unternehmen, die sich auf Veranstaltungssicherheitsdienste spezialisiert hatten, vor dem Existenzminimum standen, versuchte er mit einer Kampagne und, aus meiner Sicht bis heute nicht belegten Krankheitszahlen (angeblich bis zu 35 % durch Corona), eine Lohnfortzahlung im Krankheitsfall ab dem ersten Tag durchzusetzen. Wirklich wesentliche Aspekte wie die Aufrechterhaltung von Qualitätsstandards und zuverlässiger Partner der Ordnungsbehörden in chaotischen Zeiten standen – wie wir später noch sehen werden – nicht auf der Agenda.[156]

Mögliche Neuigkeiten im Fall des Einbruchs im Grünen Gewölbe in Dresden gab es Anfang März zunächst weiterhin nicht. Die Polizei veröffentlichte jedoch das erste Phantombild eines Verdächtigen - ein etwa 45 Jahre alter Mann, der den zukünftigen Fluchtwagen in Magdeburg abgeholt haben soll. Nachdem das 2017 abgemeldete Autos im August 2019 von einer Privatperson an einen Unbekannten verkauft wurde, ging die Polizei davon aus, dass der Abholer aus dem August 2019 mit dem durchgeführten Einbruch im Zusammenhang stehe.[157]

---

[155] https://www.facebook.com/SicherheitFHorn/posts/2529943947243812, Stand: 24.03.2020
[156] https://www.facebook.com/SicherheitFHorn/posts/2530187110552829, Stand: 25.03.2020
[157] https://www.facebook.com/SicherheitFHorn/posts/2515004112071129, Stand: 05.03.2020

Eine Anfrage der Linken zu den Aspekten der "Bundeswehrbewachung durch private Sicherheitsdienste" sorgte für interessante Schlagzeilen. Wurden im Jahr 2014 noch knapp 237 Millionen Euro ausgegeben, stieg dieser Betrag bis ins Jahr 2019 auf 432 Millionen Euro. Nicht nur, dass die Zahl der zu bewachenden Liegenschaften sogar gesunken war, auch die Reduzierung des eigenen Personals, die Konzentration auf ihre Kernaufgabe, das Aussetzen der Wehrpflicht und vermehrte Auslandseinsätze hätten dazu geführt, dass eine Bewachung durch eigene Soldaten nicht nur unerwünscht, sondern auch schlicht nicht mehr möglich wäre. Kritiker sahen hier die zunehmende Gefahr sich in die Abhängigkeit von Dienstleistern zu begeben, auch wenn dies wirtschaftlich gesehen günstiger wäre. Das Verteidigungsministerium widersprach diesen Vorwürfen: Durch die hohen Hürden bei der Auftragsvergabe, verbunden der Geheimschutzbetreuung des Bundeswirtschaftsministeriums seien keine Risiken erkennbar. Insgesamt werden von den 700 zu bewachenden Liegenschaften etwa 300 baulich durch Alarmanlagen, die anderen 400 würden durch ca. 8.000 private Sicherheitskräfte gesichert werden.[158]

Vergabe im Eiltempo: Nachdem der Dienstleister Kötter zu Beginn des vierten Quartals des letzten Jahres seine gültigen Verträge zum Mai 2020 gekündigt hatte und die europäische Ausschreibung durch das Beschaffungsamt bereits am 05. Dezember gestartet war, kam Mitte März die Information, dass die Sicherheitskontrollen am Düsseldorfer Flughafen neu vergeben worden waren (wir stellen fest: Dienstleister und Auftraggeber benötigen nicht mal 3 Monate, um eine

---

https://www.facebook.com/SicherheitFHorn/posts/2517434195161454, Stand: 08.03.2020
[158] https://www.facebook.com/SicherheitFHorn/posts/2518243781747162, Stand: 10.03.2020

Ausschreibung von dieser Bedeutung und Sicherheitsrelevanz zu bewerten, kalkulieren und zu entscheiden). Dass ich mal wieder Recht mit meiner kritischen Einschätzung haben sollten, werden wir im Herbst sehen.

Nicht nur, dass die Bestätigung bereits im ersten Quartal kam, sollte auch zum 1. Juni im Auftrag der Bundespolizei der Dienstleister DSW (eine Tochter der Unternehmensgruppe Piepenbrock GmbH) den Auftrag bereits übernehmen. Auch die Frage, wie der neue Dienstleister den Auftrag qualitativ hochwertiger durchführen wolle, blieb spannend. Zwar wurde den 1.000 Kötter-Mitarbeitern ein Betriebsübergang angeboten, ob diese aber zu den bisherigen Bedingungen weiterarbeiten wollen, ist derzeit noch offen.[159]

Nach dem Abschluss der strafrechtlichen Aufarbeitung im Februar diesen Jahres endete im März auch die zivilrechtliche: Der Eigentümer der Goldmünze hatte zusammen mit dem Bode-Museum gegen die Versicherung auf die Auszahlung der Differenz zwischen tatsächlicher Versicherungssumme und dem überwiesenen Geldbetrag geklagt.

Die Richter der 4. Zivilkammer des Landgerichts Berlin entschieden nunmehr im Sinne der Versicherung und begründeten ihr Urteil damit, dass kein versicherungsvertraglicher Leistungsanspruch besteht. Ursächlich dafür war der nicht unerhebliche Defekt an der Einbruchmeldeanlage, welcher ein Versäumnis des Museums gewesen wäre. Diesen hätte man nicht einmal durch eine adäquate Kompensation und einer Reduzierung der Gefährdung durch geeignete Maßnahmen versucht aufzufangen. Somit hätte dieses Versäumnis den

---

[159] https://www.facebook.com/SicherheitFHorn/posts/2525001491071391,
Stand: 19. März 2020

Schadenseintritt in einem erheblichen Maße begünstigt. Diese fehlende Kompensation wäre auch dem Versicherungsnehmer, sprich dem Eigentümer der Goldmünze, zuzuschreiben, weshalb eine Veränderung sicherheitsrelevanter Umstände (hier offensichtlich vertraglich vorgegeben) eingetreten wäre. Aufgrund der langen Dauer zwischen Abschluss des Versicherungsvertrages und Eintritt des Versicherungsfalles führe dies zu einer Leistungsfreiheit des Versicherungsunternehmens.[160] Würden diese neuerlichen Erfahrungen den Druck auf Museumsverantwortliche erhöhen? Die Antwort darauf werden wir noch dieses Jahr im Oktober erfahren.

## April

Nachdem sich die Maßnahmen zur Eindämmung des Corona-Virus mehr oder weniger in unserem Alltag etabliert hatten, wurde auch seitens der Sicherheitsorgane analysiert, welche Auswirkungen der Lockdown sowie die Verschiebung bestimmter Tätigkeitsschwerpunkte von Polizei und Sicherheitsdiensten auf die Gesellschaft und Kriminalitätsphänomene hatten. Interessant gestaltete sich hier ein Blick nach Italien - ein Land, das von jeher mit der organisierten Kriminalität konfrontiert war. Erste Studienergebnisse und Auswertungen von Kriminalitätsstatistiken belegten, dass der Überlebenswille der Kriminellen sowie der Organisationsstrukturen extrem hoch war. Vor allem neue Geschäftsmodelle wie beispielsweise Betrug mit Masken und der Online-Betrug kamen häufiger vor. Wobei aber auch angemerkt werden muss, dass mehrere europäische Länder an Europol einen Rückgang bestimmter Delikte und/oder der gesamten Anzahl von Anzeigen meldeten.

---

[160] https://www.facebook.com/SicherheitFHorn/posts/2526217217616485,
Stand: 20.03.2020

Allein zwischen dem 1. und 22. März wäre in Italien ein Rückgang der Verbrechenstatbestände um 64 % zu registrieren.[161]

Auch in Deutschland gab es eine Veränderung des Lagebildes: So registrierte die Berliner Polizei einen Rückgang von 5,4% über alle Straftaten wie Diebstähle, Einbrüche, Sexualdelikte und Gewaltstraftaten. Auch kriminalitätsbelastete Orte wie das Kottbusser Tor und Alexanderplatz waren deutlich ruhiger. Es fehlte einfach aufgrund der Kontaktbeschränkungen an potenziellen Opfern.[162]

Auch wenn wir den 1. April schrieben, war das kein Aprilscherz. Der Bundesverband der Sicherheitswirtschaft (BDSW) hatte per interner Mail ein Schreiben an seine Mitglieder veröffentlicht, das die Einstufung der Tätigkeit vor Supermärkten als Ordnungsdienst und nicht als eine Tätigkeit im Sinne des § 34a GewO einstufte. Dieses Schreiben wurde mir zugespielt und ich leakte es mit dem Ziel eine Diskussion auszulösen. Nach Rücksprache mit Verwaltungsjuristen wurde mir mitgeteilt, dass die Sinnhaftigkeit dieses Schreibens erheblich in Frage zu stellen wäre. Hintergrund dieser Einschätzung war, dass sämtliche Eindämmungsverordnungen verwaltungsrechtliche Akte des Landes gegenüber dem Betreiber von Supermärkten sind. Die Umsetzung solcher Verwaltungsakte unter privaten Dritten kann ausschließlich über das Hausrecht oder durch das Hinzuziehen der Polizei erfolgen.

---

[161] https://www.facebook.com/SicherheitFHorn/posts/2535738686664338, 01.04.2020
[162] https://www.facebook.com/SicherheitFHorn/posts/2555454054692801, Stand: 26.04.2020

Überträgt der Betreiber eines Supermarktes die Umsetzung des ihm auferlegten Verwaltungsakt an einen Dritten, hier Sicherheitsdienst, kann das nur durch die Ausübung des Hausrechts erfolgen. Diese Tätigkeit in einem Hausrechtsbereich mit tatsächlich öffentlich Publikumsverkehr, Kontrolle der Zugangsbestimmungen (z.B. jeder muss einen Einkaufswagen nehmen), das Abweisen und Verweisen von Personen aus dem Hausrechtsbereich ist eine Tätigkeit gem. § 34a GewO.

Nicht nur der Rechtsbruch war hier zu beanstanden, hier wird ebenso die Kiste der Pandora für jegliche Buden geöffnet, die schnell ein bisschen Geld verdienen wollten (und aufgrund der wirtschaftlichen Situation auch mussten): Mitglieder werden nicht mehr geschützt, der freie und unregulierte Markt würde diesen Bereich überschwemmen. Warum ein Arbeitgeberverband, der seine Mitglieder schützen soll, dies zum Nachteil seiner Mitglieder entschied, konnte nur durch Lobbyarbeit des Luftsicherheitsbereichs erläutert werden. Durch den erheblichen Rückgang des Luftverkehrs hatte dieser Bereich Personale frei, die beschäftigt werden mussten. Nun hatte diese Sparte seit Jahren dafür gekämpft, vollständig eigenständig zu sein eigene Tarifverträge, eigene Rechtsgrundlage, kein Zwang zur Einhaltung § 34a GewO-Regelungen. Unbeschäftigte Luftsicherheitskontrolleure konnten nun nicht einfach – wie zum Beispiel vom Veranstaltungsbereich in den Objektschutz – wechseln, weil ihnen die Unterrichtung oder die Sachkunde fehlten. Somit mussten zwangsläufig Schlupflöcher gefunden werden, um den Bereich aufgrund eigener Nöte wieder einzugliedern. Natürlich nur kurzfristig bis die Pandemie vorbei ist. Versteht sich ja von selbst, nachher ist man wieder was Besonderes...

Aber zurück zu den Nachteilen der Marktöffnung: Danke, dass wir NICHTS aus der Migrationskrise 2015 gelernt haben.

Danke, dass Qualitätsstandards außer Kraft gesetzt werden. Danke, dass unsere Branche erneut einen in-house-Schlag ins Gesicht bekommen hat.[163]

Die Resonanz auf meinen Beitrag war unglaublich groß: Nicht nur, dass andere Podcasts das Thema aufnahmen, auch Gewerkschaften sprachen mich auf das Schreiben an. Der BDSW ruderte relativ schnell zurück und nutzte Securitas Deutschland als neues Sprachrohr: In einem Brandbrief an die Bundeskanzlerin sowie die Landesregierungen forderte der Konzern eine Aussetzung der Anforderungen aus § 34a GewO, um Personale schneller und flexibler einsetzen zu können.[164]

Ebenso diskutierten wir in diesem Zusammenhang die Systemrelevanz der Sicherheitsbranche, einige Unternehmen und Personen sahen sich bemüßigt, diese permanent zu fordern. Auf Fragen, wieso und in welchem Rahmen der Ladendetektiv und der Empfangsmitarbeiter systemrelevant sein sollte und dass Sicherheitsdienstleister im Auftrag von systemrelevanten Unternehmen sowieso schon in ihrer Relevanz akzeptiert würden, wurde nicht reagiert. Es blieb einmal mehr der Eindruck, dass sich die Branche durch das Coronavirus in ein positives und wichtiges Licht rücken wollte. Dass aber Zuverlässigkeit und Vertrauen in die Qualität und Qualifikation Hand in Hand gehen, vergaß man beim gleichzeitigen Schreien nach Lockerungen und

---

[163] https://www.facebook.com/SicherheitFHorn/posts/2535980376640169, 01.04.2020
[164] https://www.facebook.com/SicherheitFHorn/posts/2537101409861399, 03.04.2020
https://www.facebook.com/240393212649601/videos/211365420289194/, Stand: 16.04.2020

Außerkraftsetzen von bewachungsspezifischen Rechtsnormen.[165]

Auch weitere Fragen blieben offen: Es wurde permanent mit der gestiegenen Auftragslage und den hohen Krankheitszahlen argumentiert - doch wo waren die Belege?

- Bereits vor der Corona-Krise gab es offiziellen Zahlen zufolge 13.000 offene Stellen. Das sind etwa 2,2 Millionen Überstunden monatlich, die vom Bestandspersonal abgefedert werden müssen. Corona hier nun als Argument vorzuschieben, um Anforderungen zu lockern, weil man zuvor keine Lösung fand, ist unehrlich.

- Gleichzeitig wird von großen Herausforderungen aufgrund von Betriebsruhen, Auftragsverlusten, etc. gesprochen. Vielleicht eine Milchmädchenrechnung, aber wenn ich Mitarbeiter, die zuvor im Bundesdurchschnitt Millionen Überstunden gemacht haben, frei bekomme, habe ich dann nicht gleichzeitig eine zusätzliche Ressource?

- Mit oder ohne Corona, jemanden mit Unterrichtung bringt mir nichts, wenn ich keine Freischaltung durch das Bewacherregister bekomme. Die längeren Wartezeiten zur Freischaltung hätte ich gerne mit tatsächlichen Zahlen hinterlegt. Ansonsten würde ich jetzt erst einmal behaupten, dass in den Gewerbeämtern aufgrund des Wegfalls umfangreicher Aufgaben wie Gewerbekontrollen, ausreichend Ressourcen zur Verfügung stehen, um

---

[165] https://www.facebook.com/SicherheitFHorn/posts/2537857419785798, Stand 04.04.2020

Freischaltungen durchzuführen (genauso pauschal).[166]

Als positive Ausnahme reagierte das NRW-Wirtschaftsministerium schnell, modern und mit einer der wenigen sinnvollsten Lösungen: War bisher rechtlich vorgesehen, dass eine Zuverlässigkeitsüberprüfung nach § 34a GewO erst eingeleitet werden konnte, wenn der Nachweis der Unterrichtung bzw. der Sachkundeprüfung in das Bewacherregister eingestellt wurde, reichte ab sofort eine Anmeldung zur Prüfung oder zur Schulung.[167] Somit konnte die Zuverlässigkeitsüberprüfung bereits starten und der Zeitverlust könnte geringer sein.

Nachdem Deutschland den Status quo beibehalten, wenn nicht sogar reduzieren wollte, nutzte Österreich die Erfahrungen aus der Krise, um auch seitens der Arbeitgeber einen Ausbildungsstandard zu implementieren.[168] Und man ging sogar noch einen Schritt weiter - der Arbeitgeber- und Arbeitnehmerverband einigten sich auf eindeutige arbeits- und gesundheitsschutzrechtliche Regelungen für Sicherheitsmitarbeiter im Einzelhandel.[169]

Österreich zeigte jedoch auch, dass die Lockerungen von Coronabeschränkungen mit erheblichen Kosten für den Steuerzahler versehen waren. Beispielsweise kostete die Aufhebung von Besuchsverboten in Seniorenheimen und die damit verbundene Bewachung durch Sicherheitsdienste zur

---

[166] https://www.facebook.com/SicherheitFHorn/posts/2539301139641426, Stand: 06.04.2020
[167] https://www.facebook.com/SicherheitFHorn/posts/2541170072787866, Stand: 08.04.2020
[168] https://www.facebook.com/SicherheitFHorn/posts/2538183039753236, Stand: 04.04.2020
[169] https://www.facebook.com/SicherheitFHorn/posts/2546532702251603, Stand: 15.04.2020

Einhaltung der dennoch existierenden Regeln die Stadt Salzburg mindestens 685.000 Euro.[170]

Neben Corona gab es auch weitere Konfliktfelder, zum Beispiel die erneute Bewachung einer Flüchtlingsunterkunft durch einen Neonazi in Potsdam (Brandenburg). Das tragische daran: Bereits 2018 sorgte er als Sicherheitsmitarbeiter und Sympathisant für die als rechtsextrem eingestufte Partei "Der III. Weg" für einen Skandal in einem anderen Wohnheim.[171]

Mitte April dann der nächste Knaller: Die Staatsanwaltschaft stimmt der Einstellung des Loveparades-Prozess zu. Grund dafür sei der voraussichtlich nicht erfolgende Abschluss der Verhandlung vor der Verjährung aufgrund der Corona-Krise. Ob das nur ein vorgeschobener Grund war oder ob man nach 10 Jahren auch ohne Corona nicht zu einem Ergebnis gekommen wäre, überlasse ich dem werten Leser.[172]

Oftmals vergessen wir jedoch bei der Betrachtung der Opfer diejenigen, die ebenfalls Opfer wurden: Sicherheitskräfte am Einlass und auf dem Veranstaltungsgelände. Wie sehr die Kollegen noch immer unter den Eindrücken leiden, zeigte das Interview vom WDR mit Nicole Ballhauser im Juli. Sie kann nicht nur nicht mehr in dem Beruf arbeiten, sie kann auch keine Veranstaltungen privat besuchen und befindet sich seit 2 Jahren in Therapie.[173]

---

[170] https://www.facebook.com/SicherheitFHorn/posts/2558361377735402, Stand: 30.04.2020

[171] https://www.facebook.com/SicherheitFHorn/posts/2543981535840053, Stand: 12.04.2020

[172] https://www.facebook.com/SicherheitFHorn/posts/2548385032066370, Stand: 17.04.2020

[173] https://www.facebook.com/SicherheitFHorn/posts/2625662651005274, Beitrag vom 25.07.2020

## Mai

Bei einem feigen Angriff auf das ZDF heute-show-Team am Rande einer Demonstration gegen die Coronabeschränkungen wurde nicht nur der Redakteur, der Kameramann und sein Assistent schwer verletzt, sondern auch drei Sicherheitsmitarbeiter, die inzwischen offenbar standardmäßig bei solchen Drehs gebucht werden. Umso erschreckender dann die Information, dass die Tat offenbar nicht spontan, sondern geplant durch Personen des linken Spektrums begangen wurden.[174] Da aber die Täter vehement schwiegen, war ein Motiv nicht erkennbar und die Ermittler standen vor einem Rätsel.[175]

Mit der Vergabe des Flughafen Düsseldorfs war bereits angekündigt worden, dass die Arbeitsplätze der Mitarbeiter durch den neuen Dienstleister im Rahmen eines Betriebsübergangs gesichert wären. Der erste "Betriebsübergang" erfolgte dann Anfang Mai: Kötter Aviation Security-Chef Peter Lange wechselte in die Geschäftsführung der DSW.[176]

Ein ebenfalls sehr interessantes Urteil erging gegen zwei ehemalige Geldboten, die in einem fingierten Überfall mehr als 800.000 Euro an Gold und Bargeld erbeutet hatten. Die Staatsanwaltschaft forderte hohe Strafen wegen Diebstahl mit Waffen, das Gericht verhängte geringere. Der vorsitzende Richter begründete dies damit, dass durch die fehlenden Sicherheitsmaßnahmen ("echte Kontrolle") die Anwesenheit

---

[174] https://www.facebook.com/SicherheitFHorn/posts/2560896880815185, Stand: 03.05.2020
[175] https://www.facebook.com/SicherheitFHorn/posts/2569394616632078, Stand: 14.05.2020
[176] https://www.facebook.com/SicherheitFHorn/posts/2563986293839577, Stand: 07.05.2020

von Waffen zur Taterreichung gar nicht benötigt worden wären. Salopp könnte man sagen, dass die Werte den Tätern auf dem Silbertablett gereicht wurden.[177]

Für viele war die Nachricht zur Anerkennung der Systemrelevanz ein Grund zum Jubeln. Ich musste mal wieder hinterfragen: Warum?

Wir haben in Deutschland nämlich eine Tendenz, die weg von einem privatwirtschaftlichen, gewinnorientiertem Gewerbe (vergleichbar wie Einzelhandel, Selbstständige, etc.) hin zu der Meinung geht, dass das öffentliche Gut "Sicherheit" durch Sicherheitsmitarbeitern erbracht werden muss. Die Branche ist aber vielmehr ein Luxusgut der Gesellschaft, dessen Dienstleistung nicht zwangsläufig durchgeführt werden muss.[178]

Vor allem, wenn dann Meldungen, dass ein Sicherheitsmitarbeiter für Saturn in München als Bandenmitglied seinem Clan Chef half, Geräte heraus zu schmuggeln. Dabei bestand seine wesentliche Aufgabe darin, seine Kollegen abzulenken und Videoaufzeichnungen des Diebstahls zu löschen. Also noch einmal: Haben wir nicht andere Probleme, die zuerst geklärt werden müssen?[179]

Auch ein Grund weshalb Saturn und Media Markt bundesweit elektronische "Türsteher" einsetzen werden? Möglicherweise, aber primär stand immer noch die Zugangsregulierung zum Markt und die Erfüllung der Corona-Eindämmungsverordnungen im Vordergrund. Denn Aldi Süd

---

[177] https://www.facebook.com/SicherheitFHorn/posts/2564804440424429, Stand: 08.05.2020
[178] https://www.facebook.com/SicherheitFHorn/posts/2567344990170374, Stand: 11.05.2020
[179] https://www.facebook.com/SicherheitFHorn/posts/2568679406703599, Stand: 13.05.2020

hatte bereits vorgelegt und offenbar gute Erfahrungen damit gemacht. Logischerweise, dem Einzelhandel werden die Sicherheitsmitarbeiter (oder entsprechend der BDSW-Forderung doch eher Ordnungsdienste) am Eingang nicht budgetierte hunderttausende Euro und mehr gekostet haben.[180]

Nach vielen Spekulationen und Absolutismen zur Sicherheitsbranche, veröffentlichte der Südwestrundfunk (SWR) einen wertschätzenden und vor allem sachlichen Artikel über die Veränderungen in der Branche in Ulm und Neu-Ulm. Die Arbeit veränderte sich in der Tat auch im zweiten Monat der Coronakrise: Kein Fußball, keine Festivals, Konzerte und andere Veranstaltungen, Reduzierungen und Stilllegungen von Produktions- und Betriebsstätten. Dafür jedoch neue Aufgaben und Funktionen (wenn man sich an die gesetzlichen Vorgaben hält).[181]

Nicht nur das Sicherheitsgewerbe in Deutschland auch die österreichische Branche hatte mit Verknüpfungen zur rechten Szene zu kämpfen. Nach dem Bekanntwerden in 2018, dass ein Sicherheitsmitarbeiter im Ausschuss des Bundesamtes für Verfassungsschutz und Terrorismusbekämpfung (BVT) Mitglied in einer rechten Burschenschaft war, gab es nun Hausdurchsuchungen bei 20 Personen. Davon waren sieben im Sicherheitsgewerbe tätig und konnten der rechten Szene zugeordnet werden. Die Ermittlungen hierzu dauern noch an.[182]

---

[180] https://www.facebook.com/SicherheitFHorn/posts/2570128936558646, Stand: 15.05.2020
[181] https://www.facebook.com/SicherheitFHorn/posts/2570506396520900, Stand: 15.05.2020
[182] https://www.facebook.com/SicherheitFHorn/posts/2570904683147738, Stand: 16.05.2020

Im nordrhein-westfälischen Haan wurden das Rathaus sowie diverse Privaträumlichkeiten durch die Polizei durchsucht. Mehrere Personen wurden im Mai der Korruption beschuldigt, darunter eine Kämmerin und ein Mitarbeiter der Stadt. Der Mitarbeiter soll von einem Dienstleister zu einer Urlaubsreise eingeladen worden sein, um bei der Vergabe für die Bewachung von städtischen Asylbewerber-Unterkünften den Preis noch unterbieten zu können.

Dass Korruption bei der Vergabe von Bewachungsdienstleistungen existiert, dürfte niemanden überraschen. Dass hier jedoch noch Preise unterboten werden sollten, erschreckte dann doch. Es zeigt aber vor allem auf, was in der Migrationskrise um 2015 bei der Vergabe schiefgelaufen ist. Setzte man das noch einmal in den Kontext der Anstrengungen des BDSWs und die Entwicklungen rund um die "Supermarktbewachung", zeigte diese Erfahrung möglicherweise die zu erwartenden Meldungen und staatsanwaltschaftlichen Ermittlungen nach der "Coronakrise".[183]

Zurück zur deutschen rechten Szene: Die Landespolizei Brandenburg eröffnete ein Ermittlungsverfahren gegen zwei Beamte, die in der Zeit ihrer Mitgliedschaft in dem vom Verfassungsschutz als Prüffall erklärten Verein Uniter unberechtigterweise Datenabfragen im polizeilichen Auskunftssystem durchgeführt haben.[184]

Diese Datensammelwut reiht sich erschreckenderweise in eine ganze Handvoll von Meldungen zu unberechtigten Abfragen ein. Auch immer wieder im Kontext der hessischen

---

[183] https://www.facebook.com/SicherheitFHorn/posts/2571022209802652, Stand: 16.05.2020
[184] https://www.facebook.com/SicherheitFHorn/posts/2574203166151223, Stand: 20.05.2020

Landespolizei und dem NSU 2.0. Genauso oft tauchten Schnittmengen auf: 2018 übermittelte die Landespolizei Nordrhein-Westfalen ein internes 77-seitiges Dokument (mit GPS-Daten und Angaben zu Baumhäusern im Hambacher Forst) an den Energieriesen RWE, der wiederum für eine spezielle Observationsdienstleistung ein Sicherheitsunternehmen beauftragt hatte, welches Mitglied in dem vorgenannten Verein „Uniter" war. Ob es hier eine Weiterleitung an den Dienstleister gegeben hatte, ist nicht bekannt.[185]

Der Jahresbericht des Hauptzollamts Rosenheim bestätigte dann mal wieder die negativen Berichte über das Bewachungsgewerbe: Im Fokus der Finanzkontrolle Schwarzarbeit stand in dem vergleichsweise kleinen Einzugsbereich erneut das Wach- und Sicherheitsgewerbe. 50 Unternehmen und 20 Personen mussten sich auch fast ein Jahr später noch tiefergehenden Ermittlungen wegen des Verdacht des Sozialversicherungsbetrugs oder der Beihilfe unterziehen.

Öffentlichkeitswirksamster Fall war die Kontrolle der Allianz-Arena während des "Audi-Cups" 2019, bei der zunächst ein Großteil der zu kontrollierenden Sicherheitskräfte im Außenbereich beim Eintreffen der Kräfte verschwanden und dann bei denen, die nicht "flüchten" konnten, immer noch bei jeder zweiten Person Verstöße gegen sozialversicherungsrechtliche, ausländerrechtliche oder gewerberechtliche Bestimmungen festgestellt wurden.[186]

Was darf Prävention kosten - diese Frage diskutierte die Stadt Ludwigshafen anhand der Corona-Notklinik,

---

[185] https://www.facebook.com/SicherheitFHorn/posts/2578190839085789, Stand: 25.05.2020
[186] https://www.facebook.com/SicherheitFHorn/posts/2577151999189673, Stand: 24.05.2020

stellvertretend für den Rest der Bundesrepublik Ende Mai. Grund war eine Kostenaufstellung in Höhe von 500.000 Euro, die auch die Bewachung in Höhe von 200.000 Euro einschloss.

Ist es vergeudetes Geld, wenn Plan A (Kontaktbeschränkungen) aufgegangen ist, sodass der Backup-Plan B (Notklinik) nicht benötigt wird? Auch wenn sich immer mehr Mensch im Rahmen von "Corona-Hygiene-Demos" einfache Antworten und Lösungen wünschten, war die Antwort zum jetzigen Stand nicht abschließend.[187]

Auch in diesem Buch war der Angriff in der Silvesternacht von 2019 auf einen Sicherheitsmitarbeiter in Nördlingen ein Thema gewesen. Knapp anderthalb Jahre später dann die ernüchternde Erkenntnis: Der Mitarbeiter hatte sogar zwei Angriffe durch eine Person mit einem Migrationshintergrund nur vorgetäuscht. Ein weiteres trauriges Beispiel, sei es für einen vermeintlichen Fremdenhass oder für eine gewünschte Aufmerksamkeit in einem Schattenberuf.[188]

Dass diese Aufmerksamkeit gar nicht notwendig ist, zeigte ein Beispiel aus Berlin: Ein 44-jähriger Mann kündigte nach einer Ablehnung seines Anliegens im Jobcenter einem Sicherheitsmitarbeiter gegenüber an, dass er mit einer Kettensäge wiederkommen würde. Tatsächlich tat er das auch. Der schnellen Reaktion der Mitarbeiter und das Verriegeln der Zugangstüren sorgte dafür, dass es keine Verletzten gab und der Täter von seiner eigentlich Handlung Abstand nahm.[189]

---

[187] https://www.facebook.com/SicherheitFHorn/posts/2581127682125438, Stand: 29.05.2020
[188] https://www.facebook.com/SicherheitFHorn/posts/2581701592068047, Stand: 30.05.2020
[189] https://www.facebook.com/SicherheitFHorn/posts/2581701592068047, Stand: 31.05.2020

# Juni

Der Monat Juni stand ganz unter den Eindrücken von Polizeigewalt und der Diskussion um rassistische Diskriminierung in den USA. Auf eine perfide Art und Weise wurden Gleichberechtigung, Missbrauch staatlicher Gewalt und Pressefreiheit gleichzeitig verteidigt und angegriffen. Auch in Deutschland beobachteten wir das Phänomen.

Während in den USA Pressevertreter und private Sicherheitskräfte bei Protesten um den Tod von George Floyed offenbar gezielt von Polizisten angegriffen wurden[190], wurde auch die Lage in Deutschland teilweise unübersichtlich: Die Vorwürfe gegenüber der deutschen Polizei, auch eine Form des latenten Rassismus zu akzeptieren, wurden lauter. Black Lives Matter (BLM)-Demonstrationen fanden noch während der Corona-Beschränkungen statt, was interessanterweise die Corona-Leugner und Verordnungs-Gegner dazu ermutigte, ein hartes Vorgehen der Polizei zur Einhaltung der Corona-Schutzbestimmungen zu fordern. Rechts, Links, Verschwörungserzähler und überforderte Eltern, mit wirklich legitimen Forderungen, vermischten sich auf den „Hygiene-Demonstrationen". Mal wurden diese aufgelöst, mal nicht - BLM-Demonstranten beklagten ein zu hartes und übergriffiges Vorgehen durch die Polizei in Berlin.

Andere Bundesländer und die Bundespolizei wollten Berlin nicht mehr unterstützen, weil weder Horst Seehofer noch seine Länderkollegen das Landesantidiskriminierungsgesetz (LADG) gelesen hatten. In diesem Gesetz sollten die Bürger von Berlin stärker von der Willkür von Behördenvertretern geschützt werden. Es wurde bei objektiver Nachvollziehbarkeit von einer Beweislastumkehr gesprochen, bei der der Angestellte oder Beamte nachweisen musste, dass sein Handeln nicht

---

[190] https://www.facebook.com/SicherheitFHorn/posts/2583364001901806, Beitrag vom 01.06.2020

diskriminierend war. Dass aber Landesgesetze ausschließlich für Landesbedienstete gelten (vor allem, wenn das auch explizit so im Gesetzestext erwähnt wurde), hatten die Beteiligten bei Ihrer Schnappatmung völlig vergessen.

Und sei das schon nicht genug Wirrwarr, schrieb eine TAZ-Journalistin eine - in der Tat - geschmacklose Kolumne über Polizeibeamte („Abschaffung der Polizei: All cops are berufsunfähig"), welche Horst Seehofer zum Anlass nahm, die Ausschreitungen in Stuttgart mit einer Kausalitätskette aus harter Kritik in der Presse und tatsächlich stattfindenden Ereignissen zu begründen. Er warf der TAZ vor, mit diesem Beitrag für Hass in der Gesellschaft zu sorgen und Auslöser für die gewaltsamen Ausschreitungen gewesen zu sein. Als ob einer der 12 festgenommenen Deutschen und 12 festgenommen Ausländern (ja, Rechts und Links waren enttäuscht darüber) diese Kolumne gelesen hätte.

Kriminologe Christian Pfeiffer gab relativ schnell eine Erklärung ab: Ursächlich für die Eskalation in Stuttgart seien die Coronabeschränkungen gewesen, die zu einer aufgestauten Wut und Aggressionen geführt hätten[191]. Für Seehofer aber kein Grund in der BILD-Zeitung anzukündigen, dass er Strafanzeige erstatten will, weil die TAZ für keine seriöse Berichterstattung bekannt sei. (Für diejenigen, die eine längere Leitung haben: in der seriösen und sachlichen BILD-Zeitung!!!!1!!!!!!1!!11 - das kann sich echt niemand ausdenken!) Naja, nachdem er von Mutti Merkel zurückgepfiffen wurde, verzichtete er auf die Anzeige. Dies schadete jedoch seinem Ziel nicht, da bereits Gewerkschaften und Einzelpersonen Strafantrag gestellt hatten.

Kurz zuvor hatte er übrigens versucht, den Verfassungsschutz zu beeinflussen, da er in dem Verfassungsschutzbericht kein explizites AfD-Kapitel haben

---

[191] https://www.facebook.com/SicherheitFHorn/posts/2600387183532821, Beitrag vom 23.06.2020

wollte. Ursächlich sei wohl die gegen ihn laufende Klage gewesen. Alles in allem ziemlich viel *mimimi* für den obersten deutschen Sicherheitschef! Aus Frust verbot er jedoch die rechtsextremistische Vereinigung "Nordadler" - nicht das erste Vereinsverbot des Jahres. Man sollte ihn vielleicht doch öfter ärgern....?

Es kam aber auch in den Medien der Eindruck auf, dass wir Deutschen das Diskutieren verlernt hätten. Entweder war man für oder gegen die Polizei. Forderte man ein kritisches Auseinandersetzen mit den Vorfällen wie Nordkreuz, NSU 2.0, Uniter und illegalen Datenabfragen, war man gleich der Befürworter von antifaschistischen Mobs und Linksextremisten. Dass es jedoch in der Bundesrepublik seit knapp 70 Jahre keine wissenschaftliche Erhebung von polizeilicher Gewalt gab und die ersten Ergebnisse einer Studie aus 2019 keinen guten Eindruck hinsichtlich des Dunkelfeldes, der Angst in der Bevölkerung Gewalt von Polizisten anzuzeigen sowie geringer Anklagequoten hinterließ, führte zumindest bei mir zu einem mulmigen Gefühl. Und man kann in der Tat für die Polizei sein und diese gleichzeitig auch kritisieren.

Ob es Marketing oder ein wirklich ernst gemeintes Signal für die BLM-Bewegung sein sollte, dass sich Amazon, IBM und Microsoft aus den Verträgen mit der US-Polizei zur automatischen Gesichtserkennung zurückzogen, lässt im Nachhinein nur Spekulationen zu. Microsoft ließ verkünden, dass man keine Technologie mehr zur Verfügung stelle, solange es keinen rechtlichen Rahmen auf Basis der Menschenrechte gebe. Naja, hatte ja bisher auch niemanden interessiert...[192]

Dass es jedoch auch spannende Chancen geben könnte, zeigte eine "Autonome Zone" in Seattle. Hier hatte sich die Polizei zurückgezogen und die Demonstranten versuchten sich

---

[192] https://www.facebook.com/SicherheitFHorn/posts/2591671474404392, Beitrag vom 12.06.2020

selbst zu organisieren - ein interessantes Sozialexperiment. Ein eigener Sicherheitsdienst wurde mit dem Ziel eine Stadt ohne Polizeipräsenz aufzubauen, aufgestellt und sollte zeigen, dass dies funktionieren könnte.[193] Leider nur eine kurze Hoffnung, denn kurze Zeit später kam es bei Feierlichkeiten zu Schussabgaben auf eine Person, nachdem diese Kinder mit einer scharfen Waffe ermahnt hatte. Die verletzte Person erlag noch vor Ort ihren Verletzungen.[194]

Immer mehr Einzelhändler wollen zur Umsetzung der Corona-Vorschriften technische Lösungen zur Personenzählung einsetzen. Eine Chance für das personell-ausgerichtete Bewachungsgewerbe wurde erneut verpasst, sodass man sich erneut substituieren lies[195]. Das schadete jedoch nicht den Umsatzzahlen. Denn entgegen offizieller Pressemitteilungen des BDSWs, dass die Sicherheitsbranche erhebliche Umsatzeinbußen zu verzeichnen hatte[196], waren wir die absoluten Gewinner der Corona-Krise. Trotz nicht zu verachtender einzelner Probleme (vor allem im Event-Bereich), hatte die Branche dennoch ein Umsatzplus von 1,6% im ersten Quartal 2020 gegenüber dem Vorquartal[197]. Dieser positive Trend wurde durch das Ifo-Institut bestätigt, das in einer Pressemitteilung verkündete, dass ausschließlich 3,5% der Wach- und Sicherheitsunternehmen (inkl. Detekteien) staatliche Hilfen beanspruchten[198]. Dieses *mimimi* muss vollkommene Häme gegenüber denjenigen Menschen

---

[193] https://www.facebook.com/SicherheitFHorn/posts/2596473160590890, Beitrag vom 17.06.2020
[194] https://www.facebook.com/SicherheitFHorn/posts/2598828870355319, Beitrag vom 21.06.2020
[195] https://www.facebook.com/SicherheitFHorn/posts/2583431278561745, Beitrag vom 01.06.2020
https://www.facebook.com/SicherheitFHorn/photos/a.1976237062614506/2598073460430860/?type=3, Beitrag vom 20.06.2020
[196] https://www.facebook.com/SicherheitFHorn/posts/2595515850686621, Stand: 18.06.2020
[197] https://www.facebook.com/SicherheitFHorn/posts/2593297684241771, Beitrag vom 14.06.2020
[198] https://www.facebook.com/SicherheitFHorn/posts/2595137044057835, Beitrag vom 16.06.2020

gewesen sein, die wirklich Existenzängste einer ganzen Branche erlebten: Reisebüros und Reiseveranstalter mussten zu 85% staatliche Hilfen annehmen und hatten Umsatzeinbußen von 22,9 % (ohne die Folgewirkungen in den kommenden Monaten überhaupt vorhersagen zu können).

Wie ihr wisst, setze ich mich in meinen unterschiedlichen Formaten gegen Rechtsextremismus ein. Umso erschreckender waren die Zahlen zu dem Anstieg von potenziellen rechtsextremen Terroristen in Deutschland des Bundeskriminalamtes . In einem halben Jahr war die Zahl der als Gefährder eingestuften Personen um 13 auf insgesamt 65 Personen angestiegen[199]. Dass es einen direkten Zusammenhang zwischen Extremismus (links, wie auch rechts) und Verschwörungserzählungen gebe, bestätigte der Chef des Verfassungsschutzes in Nordrhein-Westfalen in einem Interview. "Influencer" würden zu einer Radikalisierung der jeweiligen Szene führen.[200]

Brandenburg möchte als erstes Bundesland dem Phänomen Extremismus in der öffentlichen Verwaltung entgegen gehen und die Verfassungstreue feststellen lassen. Man hatte nämlich überraschenderweise festgestellt, dass es in bestimmten Bereichen der Sicherheitsbranche intensivere Sicherheitsüberprüfungen gebe, als beispielsweise bei der Polizei. Zudem beobachteten die Behörden eine besorgniserregende Entwicklung bei einigen Mitarbeitern und Beamten der öffentlichen Verwaltung. Der Gesetzesentwurf sollte auf Basis eines Beschlusses der Innenministerkonferenz vom Herbst 2019 zum Kampf gegen Rechtsextremismus und Hasskriminalität vorgestellt werden.[201]

---

[199] https://www.facebook.com/SicherheitFHorn/posts/2584785661759640, Beitrag vom 03.06.2020
[200] https://www.facebook.com/SicherheitFHorn/posts/2590250567879816, Beitrag vom 10.06.2020
[201] https://www.facebook.com/SicherheitFHorn/posts/2597115857193287, Beitrag vom 19.06.2020

Warum raste Maurice P. in den Rosenmontagsumzug in Volkmarsen? Bis heute stehen die Ermittler vor einem Rätsel und werden dies wohl auch nach dem Gerichtsverfahren tun. Der Verteidiger des 29-jährigen deutete an, dass sein Mandant wohl weiter schweigen wird.[202]

13 Jahre nach dem Verschwinden von Madeleine McCann 2007 in Praia da Luz verkündete das BKA, dass es wohl einen Deutschen Tatverdächtigen in dem Fall gebe. Der 43-jährige Mann, der zwischen 1995 und 2007 mehr oder weniger regelmäßig in Spanien lebte und wegen sexuellem Missbrauch von Minderjährigen einschlägig bekannt sein soll, säße derzeit wegen anderer Delikte in Haft. Ob er der Täter ist und der Fall dadurch endlich abgeschlossen werden kann, wird sich zeigen.[203]

Straftaten gegen Kinder können auch durch Sicherheitskräfte begangen werden: In China wurde ein Wachmann festgenommen, nachdem er in einer Schule mehrere Kinder angriffen hatte und mindestens 40 davon verletzte. China fällt immer wieder mit Amokläufen an Schulen und Kindergärten auf. Als Hintergrund wird Unmut und Ungerechtigkeit genannt.[204]

Im Monat Juni entschied in zweiter Instanz das Landessozialgericht Niedersachsen-Bremen, dass Dienstreisen auch im Fall von Terroranschlägen nicht lückenlos versichert sind. Der Antragsteller hatte argumentiert, dass aus der dienstlichen Entsendung eine Kausalität hinsichtlich eines privaten Restaurantbesuch in Ansbach im Juli 2016 entstanden wäre, in dessen Nähe sich ein 27-jähriger Syrer vor einem Musikfestival in die Luft sprengte und ihn durch den Anschlag

---

[202] https://www.facebook.com/SicherheitFHorn/posts/2584913391746867, Beitrag vom 03.06.2020
[203] https://www.facebook.com/SicherheitFHorn/posts/2585115375060002, Beitrag vom 03.06.2020
[204] https://www.facebook.com/SicherheitFHorn/posts/2585431031695103, Beitrag vom 04.06.2020

verletzte. Das Gericht wies die Argumentation und die Forderung der Festlegung einer gesetzlichen Unfallversicherung als zuständiger Unfallversicherungsträger in diesem Fall zurück.[205]

Ja, die Hälfte des Jahres ist vorbei und wir nähern uns der Weihnachtsmarkt-Saison! Neues vom Breitscheidplatz, eher nicht. Man wollte nun ein Planungsbüro beauftragen. Wie der Rest von Berlin geschützt werden soll, ist in dieser Diskussion weiterhin egal. Genauso wie die Fragen: Wie hoch ist die Wahrscheinlichkeit, dass hier erneut etwas passieren wird? Was ist mit den anderen weichen Zielen in Berlin? Und wieso ist hier nach 4 Jahren nicht wirklich etwas passiert, wenn der Schutz von 14.654,9 m$^2$ Fläche[206] doch so eine Bedeutung hat?[207]

Gewalt im Ankerzentrum Bamberg war auch in diesem Buch wiederholt Thema gewesen! Welche Rolle die Polizei und Staatsanwaltschaft hier spielte und ob private Sicherheitskräfte zu hart vorgegangen waren, wollte nun ein Senegalese und sein Anwalt vor dem Bundesverfassungsgericht erstreiten. Beide legten eine Beschwerde gegen ein eingestelltes Verfahren gegen mehrere Sicherheitskräfte ein und verlangen die Aufnahme der Ermittlungen gegen die Sicherheitskräfte durch die Staatsanwaltschaft Bamberg. Hintergrund ist ein vermeintlicher Angriff durch mehrere Sicherheitsmitarbeiter im September 2017, bei dem der Senegalese nach eigenen Angaben schwer misshandelt worden war. Die Polizei hatte jedoch ihn stattdessen in Gewahrsam genommen.[208]

---

[205] https://www.facebook.com/SicherheitFHorn/posts/2589383767966496, Beitrag vom 09.06.2020
[206] Berlin hat eine Gesamtfläche von 891.000.000 m$^2$, der Breitscheidplatz beträgt damit nur 0,002% der Gesamtfläche
[207] https://www.facebook.com/SicherheitFHorn/posts/2592526274318912, https://www.facebook.com/SicherheitFHorn/photos/a.1976237062614506/259 2675944303945/?type=3, Beiträge vom 13.06.2020 /
[208] https://www.facebook.com/SicherheitFHorn/posts/2595588150679391, Beitrag vom 17.06.2020

Während diese Meldung noch kursierte, kamen erneute Vorwürfe gegen eingesetzte Sicherheitskräfte in genau dieser Unterkunft auf. Ein Video sollte belegen, wie wiederholt Geflüchtete körperlich angegangen und durch übertriebene Gewalt verletzt wurden[209]. Asylbewerberunterkünfte stellten aber auch für private Sicherheitskräfte ein Risiko in der Dienstausführung da. Dies musste ein Mitarbeiter erleben, der einen Streit schlichten wollte und dann durch Messerstiche schwer verletzt wurde.[210]

Knallermeldung dann Mitte des Monats: Bundesministerium für Wirtschaft und Energie und Bundesministerium des Innern, für Bau und Heimat waren sich einig, dass die Zuständigkeit für das private Sicherheitsgewerbe zum Bundesministerium des Innern, für Bau und Heimat zum 01. Juli wechseln wird. Das Bewacherregister würde dann zukünftig beim Bundesamt für Statistik geführt werden und Horst Seehofer möchte neue Anforderungen an Ausbildung, Qualifikation, Eignung, Organisation und Ausstattung stellen. Was da kommen mag? Lassen wir uns doch (hoffentlich einmal positiv) überraschen.[211] Kleiner Spoiler – im Oktober dann die Ernüchterung: Meine zum aktuellen Stand über die Transparenzinitiative „Frag den Staat" an das BMI gerichtete Anfrage wurde dahingehend beantwortet, dass man zwar in der Planung von Workshops wäre, jedoch kein konkreter Zeitplan existiere. Bis zur Bundestagswahl war es schließlich noch ein Jahr...

Ein interessantes Urteil wurde dann vom Amtsgericht München gesprochen. Geklagt hatte ein 44-jähriger Mann, dem durch einen Türsteher aufgrund seines Alters der Zutritt zu einer Techno-Party untersagt wurde. Das Gericht gab dem

---

[209] https://www.facebook.com/SicherheitFHorn/posts/2600680563503483, Beitrag vom 23.06.2020
[210] https://www.facebook.com/SicherheitFHorn/posts/2597538940484312, Beitrag vom 19.06.2020
[211] https://www.facebook.com/SicherheitFHorn/posts/2595662374005302, Beitrag vom 17.06.2020

Veranstalter Recht: „'Bei derartigen Disco-Veranstaltungen steht nicht allein die Musik im Vordergrund, sondern das gemeinsame Feiern. Das Gelingen einer solchen Veranstaltung hängt damit entscheidend von einer gelingenden Interaktion unter den Gästen ab. [...] Daher ist eine Auswahl der Gäste, um einen gelungenen Abend zu gestalten, vernünftig, um den Interessen der Gäste und des Veranstalters gerecht zu werden.'"[212]

Achso, Corona gab es natürlich diesen Monat auch noch, obwohl man eher den Eindruck hatte, dass das gesellschaftliche Leben irgendwie zurück zur Normalität lief. Dass es uns Sicherheitskräften in Deutschland trotz der Meldungen über Übergriffe und Aggressionen gut ging, zeigte ein Medienbericht aus Charlotte (USA): In der Anlaufphase nach dem Lockdown wurden innerhalb kürzester Zeit drei Sicherheitskräfte ermordet, sechs angeschossen und zwei mit Messern schwer verletzt.[213]

In Großbritannien wurde zudem eine Studie zu „Todesraten durch COVID-19" veröffentlicht. Sicherheitskräfte in UK haben mit 45,7 Tote je 100.000 Einwohner eine der höchsten Sterberaten. Als Grund hierfür wurden vor allem die Aspekte der hohen Interaktion aufgrund der beruflichen Tätigkeit, die fortgesetzte Beschäftigung auch während eines Lockdowns und die Zugehörigkeit zum Niedriglohnsektor genannt.[214]

---

[212] https://www.facebook.com/SicherheitFHorn/posts/2602892596615613, Beitrag vom 26.06.2020
[213] https://www.facebook.com/SicherheitFHorn/posts/2601638760074330, Stand: 24.06.2020
[214] https://www.facebook.com/SicherheitFHorn/posts/2602892596615613, Beitrag vom 29.06.2020

## Juli

Der Juli startete mit einem Update zum Einbruch in das Grüne Gewölbe, das erneut stark an die Fehler im Bode-Museum erinnerten. Der Geschäftsführer des Sächsischen Immobilien- und Baumanagements musste zugestehen, dass der Austausch der veralteten Videoüberwachung bereits Ende 2018 beschlossen wurde. Die späte Umsetzung anderthalb Jahre nach dem Beschluss läge an dem Umstand, dass die Kameras nicht von der Stange gekauft werden würden und das Planungsbüro einer Sicherheitsfirma einen entsprechenden Zeitaufwand angesetzt hätte.[215]

Bereits Mitte des zweiten Quartals existierten Vermutungen zum Coronahilfe-Betrug bei Sicherheitsdienstleistern: Der Anfangsverdacht aus Nordrhein-Westfalen verstärkte sich in diesem Monat. Hier wurde ein Sicherheitsdienst beschuldig, unberechtigt Kurzarbeitergeld bzw. Corona-Hilfen für den Einsatz in einem Asylbewerberheim im Auftrag der Bezirksregierung bezogen zu haben. Nun ermittelten die Behörden.[216]

Bleiben wir bei der Coronapandemie und den Schattenseiten: Die Berliner Familiengerichte sowie die Gewaltschutzambulanz der Charité meldeten einen Anstieg von häuslicher Gewalt im ersten Quartal 2020. Streitigkeiten vor Gericht nahmen um 7,5% und Behandlungen in der Gewaltschutzambulanz um 8% zu. Letztgenannte Fälle stiegen im Juni sogar zwischenzeitlich um 30%.[217]

---

[215] https://www.facebook.com/SicherheitFHorn/posts/2606657699572436, Beitrag vom 01.07.2020
[216] https://www.facebook.com/SicherheitFHorn/posts/2606848689553337, Beitrag vom 01.07.2020
[217] https://www.facebook.com/SicherheitFHorn/posts/2609295129308693, Beitrag vom 04.07.2020

Während hier die Zahlen stiegen, sank die Akzeptanz zum Tragen einer Mund-Nasen-Bedeckung in den öffentlichen Verkehrsmitteln (ÖPNV). Die Berliner Verkehrsbetriebe (BVG) sollten als eine der ersten Verkehrsbetriebe mit der Möglichkeit ausgestattet werden, eine Verweigerung der Tragepflicht zu sanktionieren. Dies sorgte bundesweit für Diskussionen, denn zuvor hatte sich die Bundespolizei im Zuständigkeitsbereich der Bahn für die Umsetzung von Landesverordnungen für nicht zuständig erklärt. Aber nicht nur bei der Eisenbahn des Bundes, auch bei regionalen und kommunalen Verkehrsbetrieben schien die Landespolizei überfordert. Das ist auch nachvollziehbar, berücksichtigte man, dass die Landespolizeien auch ohne zusätzliche Aufgaben wie die Umsetzung der jeweiligen Coronaschutzverordnungen und aufgrund fehlender Ressourcen die Kernaufgaben nur durch Mehrarbeit erfüllen können. Folglich entstand eine Diskussion, die eine Übertragung der Ermahnung und Sanktionierung an die BVG beinhaltete. Und so kam es denn auch am 09.07.2020 – aber anders: Anstatt der Möglichkeit zur Umsetzung der Verwaltungsvorschrift wurde die Trageverpflichtung der Mund-Nasen-Bedeckung in die Hausordnung aufgenommen. Eine Sanktionierung erfolgt über das Konstrukt der „Vertragsstrafe", nicht über eine verwaltungsrechtliche Handhabung.[218]

Diese Möglichkeiten wurden aber nur zurückhaltend angewendet: Am ersten Tag stellten die 200 eingesetzten Sicherheitskräfte 1.018 Personen ohne Mund-Nasen-Bedeckung fest, 17 Personen bekamen einen mündlichen Verweis aus dem Hausrechtsbereich und nur 14 Vertragsstrafe zu je 50Euro wurden ausgesprochen.[219]

---

[218] https://www.facebook.com/SicherheitFHorn/posts/2610595112512028, Beitrag vom 06.07.2020
[219] https://www.facebook.com/SicherheitFHorn/posts/2614640085440864, Beitrag vom 11.07.2020

Dass eine konsequente Umsetzung der Maskenpflicht zu medienwirksamen Auseinandersetzungen und Körperverletzungen führen könnte, zeigte ein Beispiel aus Wien: Dort sollen Sicherheitsmitarbeiter in einer U-Bahn auf einen Fahrgast losgegangen sein, der gegen die Maskenpflicht verstoßen hatte. Sicherlich kein Einzelfall – vor allem aufgrund der schwachen rechtlichen Basis für uns Private.[220]

Corona lehrte uns auch einen sensibleren Umgang mit Vertrauen und Daten. Eine Meldung über die Beschlagnahmung von Gästelisten in einem Hamburger Restaurant ließ den Hamburger Datenschützer auf den Plan rufen. Zwar sei die Beweissicherung rechtmäßig (hier erwartete man sich einen Überblick von Zeugendaten), sie würde jedoch nicht unbedingt für Vertrauen hinsichtlich der Coronamaßnahmen in einer sowieso angespannten Bevölkerung sorgen.[221]

Die Coronamaßnahmen hatten jedoch auch einen positiven Effekt: Neben den wirtschaftlichen Problemen, die die Branche tragen musste, wurden alte Konzepte mit neuem Leben versehen: Autokinos boomten wieder. Nach meinem Besuch in Hannover und der Veranstaltung von Oliver Pocher musste ich mir aber die Frage stellen, ob Terroristen Autokinos nicht angreifen. Nachdem wir in Deutschland hohe Sicherheitsstandards bei indoor-Events gesetzt hatten, erlebte ich, dass man mit dem Auto unkontrolliert auf das Gelände fahren konnte und im schlimmsten Fall den Kofferraum voller Waffen und Sprengstoff haben konnte. Gab es bei „klassischen" Konzerten Beschränkungen von Taschengrößen, Metallsonden und wurden kleinste Flaschen, Deodorants und

---

[220] https://www.facebook.com/SicherheitFHorn/posts/2621734441398095, Beitrag vom 20.07.2020
[221] https://www.facebook.com/SicherheitFHorn/posts/2611704702401069, Beitrag vom 07.07.2020

Desinfektionsmittel abgenommen, so hätte ich hier alles hineinbringen können. Denn eins darf man nicht vergessen: Der Gang zur Toilette und damit ein freies Bewegen über das Veranstaltungsgelände war möglich. Antworten fand ich leider keine – maximal diese: Wir Deutsche können uns bei der Sicherheit immer nur auf ein Risiko konzentrieren, diesmal lautete es halt Coronavirus.[222]

Nicht nur die Gewerkschaft ver.di, die den bereits genannten Corona-Betrugsfall in Nordrhein-Westfalen veröffentlichte, sondern auch der Europa-Parlamentarier Nico Semsrott schlugen Alarm: Während des sechswöchigen Corona-Lockdowns im Europaparlament wäre es zu Einbruchsdiebstählen in mindestens 40 Abgeordnetenbüros gekommen. Gestohlen wurden vor allem Laptops, die in den Räumlichkeiten aufbewahrt wurden. Nico Semsrott machte in einem YouTube-Video dem Sicherheitsdienst schwere Vorwürfe, dass die Ermittlungen in den Fällen nur schleppend laufen würden. Dabei wurden klassische Vorwürfe gegen den Sicherheits- und Reinigungsdienst laut.[223]

Die Diskussion um mögliche Polizeigewalt und racial profiling ging auch im Juli weiter. Das Land Bremen zeigte einen möglichen Mittelweg auf: So soll die Polizei sämtliche Rechte beibehalten und auch Personen an besonderen Kontrollorten (kriminalitätsbelastete Orte) kontrollieren können. Der kontrollierten Person müsste neuerdings jedoch dem Gesetzesentwurf nach eine Quittung mit einem „auf die Person bezogenen Anhaltspunkt" für die Kontrolle ausgestellt

---

[222] https://www.facebook.com/SicherheitFHorn/posts/2616030518635154, Beitrag vom 13.07.2020
[223] https://www.facebook.com/SicherheitFHorn/posts/2607455969492609, Beitrag vom 02.07.2020

werden. Dies könnte zu einer höheren Transparenz bei gleichbleibendem Rechteeinsatz führen.[224]

Einer der traurigsten Sätze im Zusammenhang mit Alltagsrassismus zu unserer Branche wurde von dem Betreiber des „Coconut Beach"-Geländes in Münster getroffen: Jedem Sicherheitsunternehmen, das zum Einsatz auf dem Veranstaltungsgelände käme, müsse immer wieder erklärt werden, dass Hautfarbe bei der Beurteilung des Einlasses keine Rolle spielen dürfte. Das ist doch mal eine Ansage!

Anlass für diese harten Worte war ein Vorfall, bei dem ein dunkelhäutiger Mann mit seinen beiden Kindern von einem Türsteher trotz bereits gekaufter Tickets abgewiesen wurde. Eine Situation, die bestimmt viele People of Color tagtäglich erleben. Blöd für den Sicherheitsmitarbeiter nur, dass die abgewiesene Person Beamter der Landespolizei Nordrhein-Westfalen und Pressesprecher einer Landesoberbehörde war. Gut für diejenigen, die nicht sofort in eine ablehnende, sondern eine reflektierende Haltung gehen, immer wieder mal darauf hingewiesen zu werden, was im Schweigen manchmal untergeht.[225]

Vorbildlich erstellte der Betreiber, der eben offensichtlich nicht zu der Sorte Auftraggeber gehört, die solche Ereignisse laut verurteilen und dann so weiter machen wie bisher, als Reaktion auf die Ereignisse einen Maßnahmenkatalog zur Rassismusprävention am Einlass: Eine zentrale Meldestelle für diskriminierte Personen, Kennziffer für jeden Türsteher,

---

[224] https://www.facebook.com/SicherheitFHorn/posts/2608230266081846, Beitrag vom 03.07.2020
[225] https://www.facebook.com/SicherheitFHorn/posts/2622876477950558, Beitrag vom 21.07.2020

Bodycam für die Einsatzleitung und Podiumsdiskussionen mit Polizei, Stadt und Politik.[226]

Währenddessen veröffentlichte die Berliner Polizei Zahlen über Beschwerden zu ihren Beamten: 2019 gab es insgesamt 1.820 Beschwerden über das Verhalten von Polizeibeamten (niedrigster Stand seit 3 Jahren). Dabei wurden nur 12% der Gesamtbeschwerden von der Polizei als berechtigt anerkannt und 19% als nicht klärbar. Bei 14 Beschwerden handelte es sich insgesamt um fremdenfeindliche Diskriminierung. Auch wenn diese statistische Transparenz zu begrüßen ist, sie zeigt aber zeitgleich ein weitere Dilemma: die fehlende Unabhängigkeit, wenn die Polizei gegen die Polizei ermitteln soll. Wer soll denn die Bewertung, ob eine Ablehnung gerechtfertigt ist oder nicht beurteilen?[227]

Auch die Bundespolizei musste auf Anfrage Zahlen zu rechten/rechtsextremen Tendenzen veröffentlichen, die belegten, dass in den vergangenen fünf Jahren 33 Fälle angeklagt wurden und es dabei bei 19 Anklagen zu Verurteilungen kam. In nur sieben Fällen wurden Polizisten aus dem Dienstverhältnis entfernt, derzeit sind 57 suspendiert. Wieso, weshalb, warum – dazu wollte sich die Bundesbehörde nicht äußern. Sie gab nur den Hinweis auf schwerwiegende Verstöße wie Volksverhetzung, der Verbreitung und des Erwerbs kinderpornografischer Schriften und des sexuellen Missbrauchs.[228]

Alle wollten es, nur einer nicht: Eine Studie über strukturellen Rassismus innerhalb der Polizei. Horst Seehofer

---

[226] https://www.facebook.com/SicherheitFHorn/posts/2624957784409094, Beitrag vom 24.07.2020

[227] https://www.facebook.com/SicherheitFHorn/posts/2612122832359256, Beitrag vom 08.07.2020

[228] https://www.facebook.com/SicherheitFHorn/posts/2626850990886440, Beitrag vom 27.07.2020

wehrte sich weiterhin vehement und vergaß dabei, dass eine solche wissenschaftliche Erhebung sowohl be- als auch entlasten sein könnte. An seiner Haltung scheiterten auch interne Organisationen, wie die Deutsche Hochschule der Polizei. In einem Projektpapier wurde eine dreijährige Studie mit Start im Jahr 2020 vorgestellt und um entsprechende Mittel gebeten. Mit seiner Ablehnung forderte er aber zugleich eine Studie über Gewalt gegen Polizeibeamte und führte damit einen abwiegenden Diskurs. Ein Aufwiegen oder ein Vergleich zweier unabhängiger Phänomene ist nicht zielführend – beide müssen unabhängig und gleichwertig voneinander betrachtet werden.[229]

Die beschriebenen Ereignisse in Stuttgart aus dem Juni beschäftigten uns auch noch weiter im Juli: Der Stuttgarter Polizeipräsident Franz Lutz hielt am 09.07.2020 vor dem Gemeinderat eine Rede zu dem aktuellen Ermittlungsstand. Das traurige daran war, dass hier erstmals eine Stammbaumforschung von ihm angesprochen und gefordert wurde. Er betonte zwar, dass die detaillierte Betrachtung des Migrationshintergrundes durch bundesweite Standesämter keine primäre Polizeiarbeit sein würde, an dieser Stelle aber nun einmal als Fakt hingenommen werden müsste. Dabei war ihm wichtig so lange über dieses Thema zu sprechen (in der Abschrift mindestens zwei Seiten) und gleichzeitig zu erläutern, dass andere soziologische Aspekte keine Rollen spielten und irrelevant wären.[230] Professionelle und grundrechtskonforme Polizeiarbeit in Zeiten von Rassismusdiskussionen sieht anders aus.

Mir geht es an dieser Stelle gar nicht darum, die Ereignisse aus dieser Nacht klein zu reden, zu legitimieren oder zu

---

[229] https://www.facebook.com/SicherheitFHorn/posts/2622888151282724, Beitrag vom 21.07.2020
[230] https://www.facebook.com/SicherheitFHorn/posts/2616945778543628, Beitrag vom 14.07.2020

verharmlosen. Sie sind schlimm und wir sollten mit allen Mitteln versuchen, eine erneutes Eintreten zu verhindern. Gleichzeitig muss mit der Härte des Gesetzes die Täter bestraft werden. Es gibt aber relevante Thesen von renommierten Wissenschaftlern und Kriminologen, die in einer Migrationsdebatte untergehen.

Das Handeln der Polizei und die Forderung von Politikern im Rahmen einer Ausländerdiskussion war nicht zielführend. Was sollte denn das endgültige Ergebnis sein? Wir werden nicht alle "Ausländer" deportieren können, wir können aber z.B. darüber sprechen, wie wir in einer zweiten Corona-Welle mit aufgestauter Wut und Aggressionen umgehen wollen.

Mir geht es an dieser Stelle ausschließlich darum, dass die Polizeiarbeit neben einer Politisierung (für Seehofer wird ein zerstörtes Polizeifahrzeug noch einmal vorgefahren, damit er berührende Bilder bekommt), auch eine Aufarbeitung an den Tag legt, in der es nicht mehr um den Sachverhalt geht, sondern ausschließlich um den Migrationshintergrund der Täter.

Und diese Aspekte warfen ihm auch renommierte Kriminologen vor: Das Argument der Prävention durch die Erforschung von Migrationshintergründen wäre bereits dadurch hinfällig, dass es nicht die Aufgabe der Polizei, sondern wenn überhaupt die Aufgabe der Jugendgerichtshilfe ist. Zwar stehe in einem Jugendstrafprozess, der hier zu erwarten wäre, die Beurteilung der Person sowie die Lebensumstände im Vordergrund, aber die Betonung durch den Stuttgarter Polizeipräsidenten, dass die Polizei nicht dafür zuständig wäre, sei richtig.[231]

---

[231] https://www.facebook.com/SicherheitFHorn/posts/2616945778543628, Beitrag vom 14.07.2020

Bleiben wir doch gleich bei der Polizei und ihren Polizeipräsidenten: Der hessische Landespolizeipräsident Udo Kaiser trat nach der Affäre um die Drohmails und dem Komplex NSU 2.0 zurück. Dieser war frühzeitig über ein mögliches rechtes Netzwerk innerhalb der hessischen Polizei informiert worden, hatte diese Informationen jedoch nicht an das Innenministerium weitergegeben.[232]

Weitere Maßnahmen zur Bekämpfung von NSU 2.0 durch den hessischen Innenminister Peter Beuth waren die Berufung eines Sonderermittlers und dessen Angliederung an das Extremismus- und Terrorismusabwehrzentrums. Der neue Landespolizeipräsident wollte zudem die IT-Infrastruktur und -Richtlinien prüfen lassen.[233]

Aber wie funktioniert so ein Netzwerk? Ein Polizeiskandal aus Mecklenburg-Vorpommern zeigt die Verknüpfung der unterschiedlichen Systeme. Ein Landespolizist, der gleichzeitig AfD-Politiker war, fragte gezielt Informationen aus unterschiedlichen Polizeisystem ab und verknüpfte dann die bei einem früheren Notruf genutzte Handynummer des zukünftigen Opfers mit diesen Daten. Diese gab er möglicherweise an einen Busfahrer weiter, der die Belästigungen und Bedrohungen der Aktivistin gegen Rechtsextremismus übernahm. Weder die Polizei selber, noch die Staatsanwaltschaft waren motiviert, den Fall aufzuklären. So entstehen rechtsextremistische Netzwerke.[234] Und diese werden begünstigt, wenn wie in Mecklenburg-Vorpommern die Landesbehörden kein Interesse an Insiderinformationen

---

[232] https://www.facebook.com/SicherheitFHorn/posts/2617125771858962, Beitrag vom 14.07.2020
[233] https://www.facebook.com/SicherheitFHorn/posts/2620163088221897, Beitrag vom 18.07.2020
[234] https://www.facebook.com/SicherheitFHorn/posts/2619513728286833, Beitrag vom 17.07.2020

zeigen. So geschehen im Juli, als herauskam, dass sich ein ehemaliges Uniter-Mitglied an den Verfassungsschutz wandte und Informationen zum inzwischen unter Beobachtung des Verfassungsschutz stehenden Vereins teilen wollte. Die Landesbehörden ignorierten diesen Ermittlungsansatz, während ein Polizeibeamter und Uniter-Mitglied mit Jugendlichen Messerkampftrainings durchführte. Übrigens, Mecklenburg-Vorpommern war auch das Land, dass bei Ermittlungen um den Anschlag von Breitscheidplatz versagt hatte.[235]

Begünstigt werden diese Konstrukte auch durch eine nicht nachvollziehbare Rechte- und Zugriffsverteilung auf Polizeidatenbanken. Allein in Berlin existierten 103 Datenbanken, die teilweise sehr spezifisch Personen registrieren: „Elektronische Haftkladde der Direktion 5", „Wohnungseinbruch chilenische Banden" oder „Vorgangsdatei Türsteher". Wer einmal in eine solche Datenbank aufgenommen werden würde, der wisse in den seltensten Fällen davon, könnte aber bei Kontrollen durch die Polizei darunter leiden: Als 16-jähriger mit einem Joint erwischt, ist die Wahrscheinlichkeit sehr groß in der Datenbank von Drogenkonsumenten registriert zu sein. Ohne Löschfristen kann eine Fahrzeugkontrolle im Alter von Mitte 40 dazu führen, dass aufgrund des Eintrags als „Drogenkonsument" der Fahrer – einmal nur ausprobiert - wie ein Dauerkiffer behandelt wird. Noch trauriger und erschreckender im Kontext NSU 2.0 an diesem gesamten Sachverhalt ist der Umstand, dass die Senatsinnenverwaltung nicht darlegen konnte, welche Polizeibeamte überhaupt darauf zugreifen können. Die Rechtevergabe erfolge nach dem Prinzip, wenn es in der

---

[235] https://www.facebook.com/SicherheitFHorn/posts/2629508440620695, Beitrag vom 30.07.2020

Funktion notwendig sein könnte, dann erhält ein Beamter Zugriff – oder auch Gießkannenprinzip.[236]

Ende Juli dann die Information, dass es eine erste Festnahme im Zusammenhang mit den NSU-Drohmails gegeben habe. Ein 63-jähriger ehemaliger Polizist aus Landshut sowie seine 55 Jahre alte Frau wurden aufgrund eines hinreichenden Tatverdachts festgenommen. Bei der Durchsuchung der Wohnung konnten auch Schusswaffen sichergestellt werden.[237]

Endlich wieder Fußballfans im Stadion – wenn es nach dem DFB und der DFL gehen würde. Deshalb wurde ein „Leitfaden für die Konzepterstellung zwecks Wiederzulassung von Stadionbesuchern" für die Bundesliga, die 2. und 3. Bundesliga, dem DFB-Pokal, der Frauen-Bundesliga sowie für Spiele der Nationalmannschaft erstellt. Das Ziel sollte sein, dass auf Basis der Pandemietätigkeit (Aktivität des Virus sowie in Abhängigkeit der lokalen Infiziertenzahlen) sukzessiv zum Normalbetrieb zurückgekehrt werden konnte. Über drei Stufen mit jeweils einer entsprechenden Anzahl an Zuschauern sollen die Stadien gefüllt werden. Zudem muss ein Konzept durch die Vereine erstellt werden, dass sich mit vier wesentlichen Aspekten (Kapazitätsbestimmung, Ticketing, Mobilitätskonzept (inkl. An- und Abreise) sowie der Organisation und Reinigung) beschäftigt.[238]

Entgegen der Entwicklung im Einzelhandel musste sich die Sicherheitsbranche hier nicht vor Substituten fürchten. Borussia Dortmund gab bekannt, dass der Verein zur

---

[236] https://www.facebook.com/SicherheitFHorn/posts/2629155657322640, Beitrag 29.07.2020
[237] https://www.facebook.com/SicherheitFHorn/posts/2627382084166664, Beitrag vom 27.07.2020
[238] https://www.facebook.com/SicherheitFHorn/posts/2618564991715040, Beitrag vom 16.07.2020

Umsetzung und Einhaltung der Coronamaßnahmen keine Künstliche Intelligenz (KI) einsetzen, sondern zukünftig weiterhin auf seinen Ordnungsdienst setzen würde. Das in der letzten Saison getestete System des Unternehmens G2K mit einer Maskenerkennung, kamerabasierten Temperaturmessungen, Abstandsmessung und einer integrierten Besucherzählung hätte nicht die erwarteten Vorstellung erfüllt.[239]

Notwehr ist diejenige Verteidigung, die erforderlich ist, um einen gegenwärtigen, rechtswidrigen Angriff von sich oder einem anderen abzuwenden – ein Klassiker aus dem Unterrichtungsverfahren und immer wieder die Diskussionsbasis nach vermeintlichen Übergriffen von Sicherheitsmitarbeitern. So auch in Leipzig an einer Tram-Haltestelle und dokumentiert durch einen Journalisten. Mindestens 50 Sekunden hielt der Fahrkartenkontrolleur den vermeintlichen isländischen Schwarzfahrer im Würgegriff am Boden. Als dieser zunehmend rot anlief, versuchten Passanten und Zeugen den Kontrolleur davon zu überzeugen, die Maßnahme einzustellen – vergeblich. Für viele wurde die eigene Hilflosigkeit in so einer Situation bewusst.[240]

Was passierte denn nun wirklich am 01. Mai diesen Jahres bei dem Übergriff auf das ZDF-heute-show Team und die begleitenden Sicherheitsmitarbeiter. Bis heute Schweigen alle Beteiligte. Nicht nur die Täter, auch die Produktionsfirma, das ZDF, die Polizei und Staatsanwaltschaft sowie das soziale Umfeld mindestens zweier Täter. Das online-Portal „Heise" fand jedoch heraus, dass es einige Ungereimtheiten an diesem Tag gab. Auch die Landespolizei Berlin soll dabei ihre Finger im

---

[239] https://www.facebook.com/SicherheitFHorn/posts/2623212227916983, Beitrag vom 22.07.2020
[240] https://www.facebook.com/SicherheitFHorn/posts/2620136238224582, Beitrag vom 18.07.2020

Spiel gehabt haben. So wurde offenbar einer linken Demonstration am Rosa-Luxemburg-Platz (bisher Demonstrationsort der rechten, verschwörungserzählerischen Hygiene-Demos) Vorzug gewährt, sodass andere Demonstrationen örtlich verlagert wurden. Auf diesen wenig öffentlich gemachten Tausch fiel auch das Kamerateam rein, dass dann erst später an den Hackeschen Markt verlegte, wo es dann letztendlich auch angegriffen wurde. Staatsanwaltschaft und Polizei vermuten inzwischen, dass dieser Angriff unter der Strategie „false-flag" begangen wurde. Dies sei in beiden Lagern eine Herangehensweise, die intensiv mit dem Ziel diskutiert werden würde, mit negativen Schlagzeilen der Gegenseite zu schaden.[241]

Die Aktionen von Aktivisten gingen auch in diesem Monat im Hambacher Forst weiter. Fünfmal musste der RWE-Sicherheitsdienst die Polizei informieren, nachdem dieser unter Laub versteckte Nagelbretter gefunden hatte. Zudem kam es zu zwei kleineren Bränden. Gründe für die fortgesetzte Auseinandersetzung ist ein befristeter Rodungsstopp, der 2020 auslief.[242]

Nach der positiven Berichterstattung zu Einsätzen und zur Bedeutung der Sicherheitskräfte im Einzelhandel und im Auftrag von Kommunen und Städten in der ersten großen Welle, stellten die ersten jedoch kritische Fragen zur Rechtmäßigkeit. Die Transparenzinitiative „Frag den Staat" verklagte die Potsdamer Stadtverwaltung auf Herausgabe zu Informationen der Vergabe von Auftragsleistungen zur Umsetzung der Coronaschutzverordnung. Die Organisation sah vor allem das Outsourcing an einen Sicherheitsdienst zum

---

[241] https://www.facebook.com/SicherheitFHorn/posts/2620174918220714, Beitrag vom 18.07.2020
[242] https://www.facebook.com/SicherheitFHorn/posts/2623213764583496, Beitrag vom 22.07.2020

Verhindern eines widerrechtlichen Zutritts von Sportanlagen als verfassungsmäßigen Bruch. Man argumentierte, dass der Entzug von öffentlichen Plätzen aufgrund einer Verwaltungsvorschrift eine hoheitliche Aufgabe darstelle, die möglicherweise nicht durch Privatunternehmen umgesetzt werden dürfte. Ein Stadtsprecher argumentierte, dass ausschließlich Eigentümerrechte wahrgenommen werden würden, die durch die Branche legitim umgesetzt werden dürften. Es könnte daher spannend werden, denn dieses Urteil kann auch für eine zweite Welle richtungsweisend werden.[243]

Im Einzelhandel wurde 2019 erneut mehr gestohlen, als im Vorjahr. Ein Schaden von 3,75 Milliarden Euro entstand durch Diebstahl, die Gesamtinventurdifferenz inklusive Organisationsfehler betrug rund 4,4 Milliarden Euro.[244] Der BDSW holte erneut seine IHK-geprüfte Sicherheitskraft für den Einzelhandel hervor, denn nur mit einer zielgerichteten Qualifikation sei diesem Phänomen zu begegnen. Dass dies bereits in den vergangenen Jahren weder vom Kunden noch vom Auftraggeber angenommen wurde und dass auch Experten diese Fortbildung kritisch betrachten, war dem Bundesverband erneut egal. Hier konnte man einfach mal wieder Geld verdienen – Qualität und Reputation standen nicht im Vordergrund.[245]

## August

Wie wichtig eine gesellschaftliche Beschäftigung mit dem Thema Bedrohung von Politikern ist, zeigten Zahlen des LKAs

---

[243] https://www.facebook.com/SicherheitFHorn/posts/2623304517907754, Beitrag vom 22.07.2020
[244] https://www.facebook.com/SicherheitFHorn/posts/2628726810698858, Beitrag vom 29.07.2020
[245] Podcast-Folge: Sommergespräche der Sicherheitsphilosophen – zu Gast: Hans Reinhardt. https://youtu.be/DtvwKOzUSMk

Baden-Württemberg: 2019 wurden 175 Fälle von politisch motivierten Straftaten in Form von Bedrohungen und Angriffen registriert. Die Polizei vermutet eine hohe Dunkelziffer nicht angezeigter Vorfälle. Jedoch zeigten die Zahlen von 2017 (155 Taten) und 2018 (160 Taten) einen negativen Trend.[246] Wie kompliziert diese Netzwerke dabei sind, zeigte dann doch wieder die NSU 2.0-Bedrohung: Trotz einer Festnahme in Landshut wurden auch im August weiter Drohschreiben versandt. Mehr als ein Dutzend Schreiben wurden bei der hessischen Staatsanwaltschaft angezeigt.[247] Eine Spur führte beispielsweise nach Berlin, wo es auch verdächtige Abfragen im Zusammenhang mit bedrohten Personen gab.[248]

Berlin kündigte – ähnlich wie Brandenburg im Juni – an, dass sie extremistischen Tendenzen bei der Landespolizei begegnen wollten: Der Berliner Innensenator stellte einen 11-Punkte-Plan als "Konzept zur internen Vorbeugung und Bekämpfung von möglichen extremistischen Tendenzen vorgestellt" bei der Polizei vor. Die wesentlichen Aspekte des 11-Punkte-Plans lauteten dabei: Erweiterung der Zuverlässigkeitsüberprüfung, Beratung durch den Berliner Verfassungsschutz, Extremismusbeauftragte/r bei der Polizei Berlin, Anonymes Hinweisgebersystem, Stärkung der Bereitschaft zur Umfeldveränderung (Dienststellenwechsel), als regelmäßige Veränderungen des Dienstortes zur Verhinderung von einseitigen Wahrnehmungen von bestimmten Kriminalitätsphänomenen.

---

[246] https://www.facebook.com/SicherheitFHorn/posts/2631309490440590, Beitrag vom 01.08.2020
[247] https://www.facebook.com/SicherheitFHorn/posts/2635549363349936, Beitrag vom 06.08.2020
[248] https://twitter.com/SiBeFH/status/1298880439692734464?s=20, Beitrag vom 27.08.2020

Vor allem bei der Thematik „Dienststellenwechsel" zur Verhinderung von einseitigem Denken fragte ich mich: Wenn Polizisten nun regelmäßig versetzt werden sollen, weil man Milieu-Arbeit als Auslöser für Gewalt sieht, wieso gibt es diese Exzesse nicht auch bei Sozialarbeitern, Richtern und Lehrern, die tagtäglich mit dem selben Klientel konfrontiert sind?[249]

Interessanterweise wurde in der Erarbeitung die Gewerkschaft der Polizei eingebunden, die diesen Weg positiv begleitete und hinter dem Konzept stand. Daran wird sich die Polizei und die Senatsinnenverwaltung zukünftig jedoch messen lassen müssen.[250] Hessen setzt währenddessen auf technische Konzepte und wird Handvenenscanner für den eindeutigen Nachweis von Datenabfragen in einem Modellprojekt testen.[251]

Die geplanten Berliner Maßnahmen halfen jedoch noch nicht bei den fast parallel laufenden Ereignissen: In Neukölln konnte in den letzten Monaten eine rechte Gruppierung mehr oder weniger ungehindert Politiker bedrohen und Brandanschläge verüben. Die Ermittlungen liefen schleppend bis folgende Information bekannt wurde: Dem Leiter der Staatsschutzabteilung der Staatsanwaltschaft und dem ermittelnde Staatsanwalt wurden Befangenheit und Nähe zu AfD-Politikern vorgeworfen. In einem abgefangenen Telefonat soll einer der Verdächtigen geäußert haben, dass er vom Leiter der Staatsschutzabteilung in einem Verhör zu hören bekommen haben soll, dass der Verdächtige sich keine Sorgen

249 https://twitter.com/SiBeFH/status/1309359395768336385?s=20, Beitrag vom 25.09.2020
250 https://www.facebook.com/SicherheitFHorn/posts/2634466056791600, Beitrag vom 05.08.2020
251 https://www.facebook.com/SicherheitFHorn/posts/2643387442566128, Beitrag vom 16.08.2020

machen müsste, da der Staatsanwalt selber AfD-Wähler wäre.[252]

Auch weitere „Einzelfälle" beschäftigten Berlin, die erschreckenderweise immer wieder einen Zusammenhang zu anderen Ereignissen zu bilden: Mitte August stand vor dem Amtsgericht Tiergarten ein Polizeibeamter wegen gemeinschaftlich begangener und gefährlicher Körperverletzung zum Nachteil eines Afghanen. Der Staatsschutz hatte damals die Ermittlungen aufgrund eines möglichen fremdenfeindlichen Hintergrundes aufgenommen. Fatal: Dieser Beamte war bis 2016 Teil der „Ermittlungsgruppe Rechtsextremismus", die die Anschlagsserie in Berlin-Neukölln erfolglos untersuchten.[253]

Gleichzeitig offenbarte sich, dass es wohl unerlaubte Datenabfragen aus Polizeicomputern zu Personen gab, die daraufhin rechtsextreme Morddrohungen erhielten. Berlins Datenschutzbeauftragte machte den Fall publik, weil sich die Polizeiführung an einer Aufklärung teilzunehmen weigerte.[254] Diese Zusammenhänge machen mir persönlich Angst! Politisch sorgte dies ebenfalls für ein Erdbeben, denn Innensenator Andreas Geisel entzog der Berliner Polizei die Ermittlungen um die Anschlagsserie und setzte eine Kommission aus externen Experten ein – ein Vertrauensbruch zur eigenen Behörde?[255]

---

252 https://www.facebook.com/SicherheitFHorn/posts/2635110856727120, Beitrag vom 06.08.2020
253 https://www.facebook.com/SicherheitFHorn/posts/2640464562858416, Beitrag vom 12.08.2020
254 https://www.facebook.com/SicherheitFHorn/posts/2642143152690557, Beitrag vom 14.08.2020 / https://www.facebook.com/SicherheitFHorn/posts/2643374885900717, Beitrag vom 16.08.2020
255 https://www.facebook.com/SicherheitFHorn/posts/2641835602721312, Beitrag vom 14.08.2020

Im September veröffentlichte die eingesetzte BAO Fokus dann den Abschlussbericht mit einigen kritischen Anmerkungen zu polizei- bzw. behördeninternen Vorgängen im Rahmen der Neuköllner Ermittlungen. Alles in allem waren aber die Ermittlungen nicht mit stärkeren Vorwürfen konfrontiert.[256]

Dieser Vertrauensbruch wird leider auch durch Polizeibeamte immer wieder selber forciert: Es hatte sich offenbar durchgesetzt, dass es kein grundsätzliches Brandmerkmal für Beamte ist, offen und in einigen Fällen auch als Redner an Demonstrationen teilzunehmen, bei denen gegen die faschistische Corona-Diktatur, gegen „die da oben" protestiert wird und sich ein erschreckender Mix aus Verschwörungserzählern, Antisemiten, Esoterikern und Rechten gefunden hatte. Gruselig wird es dann, wenn sich Polizeibeamte wie im Fall aus Hannover als Redner aufstellen und hetzen, aber gleichzeitig für die Sicherheit von jüdischen Einrichtungen verantwortlich waren. Die zuständige Direktion wird nach der Suspendierung nun alle Konzepte neu prüfen müssen[257], handelte jedoch auch kommunikativ unglücklich: Der Leiter des Staatsschutzes wollte die Gemeinde beruhigen, immerhin hätte der Beamte sich als Schutzmann der Bevölkerung vor den Verschwörungserzählern, Rechten und sonstigen besorgten Bürgern in Stuttgart ausgegeben. Hilflosigkeit oder Unterschätzung der Gefahr? In der jüdischen Gemeinde war der Vertrauensverlust groß: Man hätte mit dem (inzwischen) suspendierten Beamten über Lücken im Sicherheitskonzept und tiefgehenden Details gesprochen, die, wenn sie in die falschen Hände geraten würden, zu einer

---

256 https://twitter.com/SiBeFH/status/1310537793161097216?s=20, Beitrag vom 28.09.2020
257 https://www.facebook.com/SicherheitFHorn/posts/2641878832716989, Beitrag vom 14.08.2020

erheblichen Bedrohung führen könnten.[258] Die Deutsche Presse-Agentur fragte die Innenministerien der Länder ab und erhielt die Antwort, dass es im ersten Halbjahr mindestens 40 neue Extremismusvorfälle bei der Polizei gegeben hätte (die meisten davon in Hessen). Das klingt bei 30.000 Beschäftigten erst einmal nicht viel. Wir sollten aber an dieser Stelle nicht vergessen, wie lange Beamte (sei es Uniter, Gruppe S., NSU 2.0, etc.) im Verdeckten agieren konnten, bis sie aufflogen. Die Zahlen zeigen halt nur das (von den Behörden gewollte) Hellfeld.[259]

Die Lösung nach den Skandalen in Mecklenburg-Vorpommern hingegen – und das muss man sich echt mal reinziehen – Innenminister Caffier möchte erstmals durch den Verfassungsschutz prüfen lassen, ob Bewerber für den Polizeivollzugsdienst dort als Rechtsextremisten gelistet sind... Bitte was??? Ich scheine so naiv zu sein, dass ich bisher davon ausgegangen bin, dass dies bereits erfolgt.[260]

Sind wir eigentlich nur sensibler geworden oder haben sich die Zahlen von Angriffen durch Polizeibeamte auf Bürger zugenommen? Ich weiß es tatsächlich an dieser Stelle nicht. Vielleicht ist aber auch nur die Dummheit größer geworden, wenn diese Tätlichkeiten öffentlich begangenen werden. Frankfurt zeigte vermutlich letzteres: Nachdem es zu einer Ingewahrsamnahme kam, Beamte Schaulustige mit Handys (Achtung: dieser Fakt wird gleich wichtig!!!!1!!) wegschickten, trat dennoch ein Polizist auf dem bereits am Boden Liegenden ein. Welch Überraschung – und wahrscheinlich Glück für das

---

258 https://www.facebook.com/SicherheitFHorn/posts/2643395559231983, Beitrag vom 16.08.2020
259 https://www.facebook.com/SicherheitFHorn/posts/2649246238646915, Beitrag vom 23.08.2020
260 https://www.facebook.com/SicherheitFHorn/posts/2649625805275625, Beitrag vom 23.08.2020

Opfer – verbreiteten sich die Videos auf Twitter wie ein Lauffeuer. Digitalisierung und soziale Medien sind halt weiterhin #Neuland![261]

Haben wir uns im Juli noch über die geringe Durchsetzungsfähigkeit bei den Berliner Verkehrsbetrieben (BVG) hinsichtlich der Vertragsstrafen und der hohen Anzahl an angetroffenen Personen (30.000 Verstöße) gewundert, belegten auch Zahlen aus Wien eine hohe Differenz: bei 25.000 angetroffenen Personen ohne MNB durften nur 117 Personen zahlen. Dieser zahnlose Tiger ist vielleicht auch der Grund, warum wir auch bis Ende des Jahres über die Umsetzungspflicht diskutieren werden.[262]

Das beste, ehrlichste und offenste Interview gab der Leiter der Konzernsicherheit der Münchener Verkehrsgesellschaft: „Wir sind schon bei 90 Prozent mit Maske, also nah bei unserem Zielwert. Der Aufwand, um 100 Prozent anzustreben, wäre sehr groß und der Erfolg vermutlich begrenzt. Aber wir müssen dafür sorgen, dass die Maskenquote nicht sinkt. Bei 80, 70, 60 Prozent wird es irgendwann kritisch.[263]"

Wiener Linien war aber ein gutes Stichwort, denn der Verkehrsbetrieb hatte in den vergangenen Jahren bereits ein neues Sicherheitskonzept angekündigt. Nach der Einstellung von 130 Mitarbeiter wurde auch die technische Sicherheit

261 https://www.facebook.com/SicherheitFHorn/posts/2644735239098015, Beitrag vom 17.08.2020
262 https://www.facebook.com/SicherheitFHorn/posts/2632070683697804, Beitrag vom 02.08.2020
263 https://www.zeit.de/mobilitaet/2020-08/muenchner-verkehrsgesellschaft-coronavirus-maskenpflicht-oepnv-aufklaerung-statt-bussgeld/komplettansicht?fbclid=IwAR1En3GgRnbsXl1t-IpqpbxfX5kV6KAgTAaIBTrK0OmgsZlG-uhV2Wh1STY und https://www.facebook.com/SicherheitFHorn/posts/2641789716059234, Beitrag vom 14.08.2020

ausgeweitet: 13.000 Videokameras unterstützen die Kollegen ab sofort.[264]

Anfang August fand auch die angekündigte Diskussionsrunde der drei größten Museumsverantwortlichen nach den spektakulären Einbrüchen im Bode-Museum und im Grünen Gewölbe statt. Zusammenfassend kann man sagen: Man will mehr Geld und mehr Personal, bessere internationale Vernetzung, jedoch – und dass meiner Meinung nach richtigerweise – lehnten alle die Bewaffnung von Sicherheitsmitarbeitern ab. Museen müssten offene Orte bleiben, über Taschenkontrollen wollte man noch einmal reden. Ob das die richtigen Maßnahmen sind, lässt sich in der Analyse der beiden letzten großen Einbrüche bestreiten: Die Personalanzahl und fehlendes Geld waren nicht das zentrale Problem gewesen. Vielmehr war ein organisatorisches Versagen (Bode-Museum: defekter Melder nicht ausgetauscht und Grünes Gewölbe: Technikkonzept auf die lange Bank geschoben) und ein Unterlaufen der Sicherheitskräfte als Innentäter durch Clan-Kriminalität ursächlich für die Tatbegehung gewesen. Die hier diskutierten Maßnahmen scheinen da nicht zielführend zu sein.[265]

Innerhalb von zwei Tagen wurden in Berlin wieder Überfälle auf Geldtransporter modern: Zunächst erfolgte ein Angriff auf zwei Geldtransporteure in einer Karstadt-Filiale in Berlin-Neukölln, wobei sich die beiden Beschäftigten wehrten und die Täter erfolglos flüchten mussten. Leider wurden dabei 12 Personen nach dem Versprühen von Reizgas verletzt.[266]

264 https://www.facebook.com/SicherheitFHorn/posts/2632833026954903, Beitrag vom 03.08.2020
265 https://www.facebook.com/SicherheitFHorn/posts/2633141536924052, Beitrag vom 04.08.2020
266 https://www.facebook.com/SicherheitFHorn/posts/2633554860216053, Beitrag vom 04.08.2020

Deutlich aggressiver gingen die Täter einen Tag später in einer Filiale in Berlin-Wilmersdorf: Offenbar versuchten sich die vier Täter durch eine Wand zu rammen und wurden gegen 09:30 Uhr durch private Sicherheitskräfte gestört. Hier kam es sogar zu einem Schusswechsel, bei dem glücklicherweise niemand verletzt wurde. Die Täter flüchteten über ein in einer Haltebucht auf der A100 wartendes Auto. Die Polizei vermutet einen Zusammenhang zur Clan-Kriminalität.[267]

Ein etwas dilettantischer Raubüberfall fand dann noch Ende August statt. Innerhalb kürzester Zeit überfiel eine männliche Person nur mit Mund-Nasen-Bedeckung vermummt zwei Bankfilialen. Dieser konnte jedoch durch eine schnelle Öffentlichkeitsfahndung in weniger als 24 Stunden durch Spezialkräfte der Berliner Polizei festgenommen werden.[268] Der Täter wurde dann per Beschluss in eine geschlossene psychische Einrichtung des Maßregelvollzugs untergebracht[269].

Wer hätte das gedacht: Tatsächlich begannen in diesem Monat die Vorbereitungen für die Eröffnung des Flughafen BER. Zehn Tage sollte das sicherheitstechnische Cleaning dauern, sodass dann mit dem jeweiligen Fortschritt nur noch Personen nach einer herkömmlichen Luftsicherheitskontrolle den Bereich betreten können.[270]

---

267 https://www.facebook.com/SicherheitFHorn/posts/2633659666872239, Beitrag vom 04.08.2020
268 https://twitter.com/SiBeFH/status/1298192347734441984?s=20 / https://twitter.com/SiBeFH/status/1298317418549452802?s=20 / https://twitter.com/SiBeFH/status/1298317950043262976?s=20 Beiträge vom 25.08.2020 / https://twitter.com/SiBeFH/status/1298517622410153987?s=20, Beitrag vom 26.08.2020
269 https://twitter.com/SiBeFH/status/1299059727503110149?s=20, Beitrag vom 27.08.2020
270 https://www.facebook.com/SicherheitFHorn/posts/2634244470147092, Beitrag vom 05.09.2020

Was haben wir uns alle doch die Systemrelevanz für unsere Branche gewünscht und neidisch auf andere Bereichen geschaut. Was eigentlich gar nicht notwendig gewesen wäre, denn es gab bundesweit keinen einzigen Fall, in dem die Tätigkeit eines Sicherheitsdienstes aufgrund von Corona-Maßnahmen untersagt wurde. Und dort, wo es notwendig war, wurden die entsprechenden Anträge über die Einsatzorte bewilligt. War der Kunde systemrelevant, war es sein Dienstleister automatisch ebenfalls. Aber Deutschland halt – seine Titel und die vermeintliche Bedeutung, die daraus entsteht...

Für alle Systemrelevanz-Klatscher und BDSW-Forderer: Systemrelevant sein, bedeutet nicht unbedingt, dass die Verantwortung und die Bedeutung der Tätigkeit in Relation zum Lohn steht. Das zeigte uns eine Lohnerhebung unter Supermarktkassierer: Denn durch den fehlenden Inflationsausgleich werden diese Ende 2020 weniger Geld haben als 2019, was eine effektive Lohnsenkung darstellt.[271]

Auch im Jahr 2020 kann man offenbar immer noch mit einer fragwürdigen Vergabe von Sicherheitsdienstleistungen in Asylbewerberheimen richtig Geld verdienen. Ein leitender Angestellter im Dachauer Landratsamt (wie sollte es auch anders sein, zufälligerweise zuständig für Asylbewerber und Asylbewerberunterkünfte) betreibt nebenberuflich einen Sicherheitsdienst. Mit seinem Unternehmen bewachte er – welch Wunder und ohne Fragen – die Dachauer Asylunterkünfte. Nun wollte er noch stärker in den regionalen Markt eindringen, Mitbewerber verdrängen und machte sich damit nicht nur Freunde. Ob die seit 2015 schwelende

---

[271] https://www.facebook.com/SicherheitFHorn/posts/2637054006532805, Beitrag vom 08.08.2020

Diskussion, die auch innerhalb des Innenministeriums stattfand, damit neue Fahrt bekommt, ist jedoch fraglich.[272]

Da es nach neun Monaten Ermittlungsarbeit rund um den Raubüberfall auf die Ikea-Filiale in Frankfurt keine neuen Erkenntnisse gab, wurde mit Videobildern in der Fernsehsendung „Aktenzeichen XY" gefahndet. Wesentliche neue Ansätze gab es jedoch auch danach nicht.[273]

Wir haben hier bereits öfter über den Einsatz von Videotechnik gesprochen. Dass diese auch widerrechtlich und missbräuchlich eingesetzt werden kann, belegte ein Fall aus Madrid: An einem der größten Busbahnhöfe Spaniens wurden seit 2016 täglich mehr als 50.000 Fahrgäste systematisch aufgenommen, gespeichert und ausgewertet. Diese Daten wurden offenbar systematisch mit den Daten der Polizei abgeglichen, wiederkehrende Täter (z.B. aus Diebstahldelikten) sollten ebenso erkannt werden. Für Spanien sei eine solche Implementierung ohne rechtliche Grundlage charakteristisch, da die Kontakte zwischen Privatwirtschaft, Behörden und Technikunternehmen sehr eng seien. Erst im Nachgang der gemachten Erfahrungen wird regelmäßig eine Rechtsgrundlage geschaffen.[274]

Wie sicher fühlen sich Frauen und Mädchen in Deutschland? Eine aktuelle, jedoch nicht repräsentative Studie des Kinderhilfswerks Plan wollte das herausfinden und befragte dazu ca. 1.000 Frauen im Alter von 16 bis 71 Jahren. Jede fünfte Befragte gab dabei an, dass sie bereits mindestens einmal belästigt, bedroht oder verfolgt wurde. Vor allem in

---

272 https://www.facebook.com/SicherheitFHorn/posts/2639153629656176, Beitrag vom 11.08.2020
273 https://www.facebook.com/SicherheitFHorn/posts/2639155449655994, Beitrag vom 11.08.2020
274 https://www.facebook.com/SicherheitFHorn/posts/2639940442910828, Beitrag vom 12.08.2020

Großstädten wie Berlin, Köln, Hamburg oder auch München fühlten sie sich nicht sicher. Ebenfalls suggerierte die Studie, dass das Dunkelfeld bei der polizeilichen Kriminalitätsstatistik sehr hoch sein muss. Viele Betroffene würden erlittene Straftaten aus Scham nicht zur Anzeige bringen.[275]

Als Antwort auf die öffentliche Unsicherheit wurde aber auch immer öfters die Beauftragung privater Sicherheitsdienste als Schnelllösung gefunden: Die Stadt Wernau engagierte zur Unterstützung der Polizei einen Wachschutz, nachdem eine Person auf Autos einschlug und in einem psychischen Ausnahmezustand dann auch noch mit einer Schreckschusswaffe hantierte. Die Schwelle zwischen hoheitlichem Handeln und nicht legitimierbarer Gefährdungen wird in unserer Branche immer häufiger sowie verantwortungsloser überschritten.[276]

Blättern Sie noch einmal zurück in den April 2019 – der Tod des Patienten Tonou-Mbobda im Universitätsklinikum Hamburg-Eppendorf wurde in diesem Monat endgültig zu den Akten gelegt. Die Staatsanwaltschaft stellte das Verfahren gegen drei Sicherheitsmitarbeiter und eine Ärztin ein, da die Zwangsfixierung durch Nothilfe bzw. Notwehr gerechtfertigt gewesen wären. Unabhängig der Situation bleibt für mich ein fader Beigeschmack, wenn Sicherheitskräfte gezielt für Fixierungen und zur Unterstützung von medizinischen Zwangsmaßnahmen beauftragt werden. Wie das mit § 34a GewO vereinbar sein soll, ist meines Erachtens fraglich.[277]

---

275 https://www.facebook.com/SicherheitFHorn/posts/2641392369432302,
Beitrag vom 13.08.2020
276 https://www.facebook.com/SicherheitFHorn/posts/2631574803747392,
Beitrag vom 02.08.2020
277 https://www.facebook.com/SicherheitFHorn/posts/2641402566097949,
Beitrag vom 13.08.2020

Konsequent wurde hingegen ein Verfahren gegen Mitarbeiter eines Sicherheitsunternehmens in Hamburg-St. Georg geführt. Diese sollen einen betrunkenen Mann in der Notaufnahme verprügelt haben und mussten sich nun vor Gericht verantworten. Mir scheint es manchmal so, als wäre Gewalt auch ein Zeichen für Überforderung mit Aufgaben, auf die die Sicherheitskräfte nicht vorbereitet werden.[278]

Ich hoffe, dass Sie noch Ihren Finger auf den Seiten von 2019 haben – denn im August wurde gerichtlich aufgeräumt und Akten entstaubt: Etwa ein Jahr nach dem Bekanntwerden der Ermittlungen zu den Übergriffen und eineinhalb nach den ersten Hinweisen durch Augenzeugen (die man aber fleißig ignorierte) in der Zentralen Anlaufstelle in Halberstadt, wurde vor dem Amtsgericht Anklage gegen drei ehemalige Sicherheitsmitarbeiter erhoben. Mal schauen, wie das ausgeht.[279] Parallel wurden neue Vorwürfe laut, dass auch diese Unterkunft über sogenannte „Problemzimmer" verfüge, in denen Flüchtlinge eingesperrt werden würden, die gegen das Hausrecht verstoßen haben. Ohne jemanden in Schutz nehmen zu wollen: Es erbost mich jedoch enorm, dass es offenbar weiterhin gestattet ist oder legitimiert wird, dass private Betreiber und Sicherheitsdienste "Problem- oder Störzimmer" betreiben, in denen Personen - ganz gleich, was sie getan haben - ohne polizeiliches Hinzuziehen bestraft werden. Haben wir nichts aus Donauwörth oder Burbach gelernt? Die Antwort erübrigt sich hier – nutzen wir ein Beispiel.[280] Ein Vorfall, der belegt, warum ich das hier alles mache: Das Ankerzentrum in Bamberg ist in der Vergangenheit

---

278 https://twitter.com/SiBeFH/status/1297959169555931136?s=20, Beitrag vom 24.08.2020
279 https://www.facebook.com/SicherheitFHorn/posts/2641414686096737, Beitrag vom 13.08.2020
280 https://www.facebook.com/SicherheitFHorn/posts/2647729265465279, Beitrag vom 21.08.2020

durch Gewaltexzesse des Sicherheitsdienstes, nicht eingewiesene und qualifizierte Mitarbeiter aufgefallen. Diesem Unternehmen hat man nun gekündigt und welches beauftragt? Wenn Sie jetzt sagen, ein hochqualifiziertes, professionelles Unternehmen mit gutem Leumund, dann tun Sie mir leid. Man beauftragte das Unternehmen, dessen Sicherheitskräfte derzeit vor dem Amtsgericht stehen, weil sie in Halberstadt durch Gewalt aufgefallen waren. Wirklich traurig.[281] Auch hier nutzte ich erneut das Mittel der Transparenzinitiative „Frag den Staat", nicht in der Hoffnung Veränderungen herbeizuführen. Jedoch hatten sich einige Kommunalpolitiker schon in das eigene politische Profil geschrieben, dass sich der Ruf von Bamberg verbessert. In meiner Naivität stellte ich vorangegangene Informationen zur Verfügung, außer einer ablehnenden Antwort aufgrund fehlender bayrischer Rechtsgrundlage, kam nichts.

Vier Jahre Planung und immer noch nicht weiter – Berlin kämpft um das Sicherheitskonzept am Breitscheidplatz. Das Ergebnis ist nicht nur mager, sondern gleichzeitig auch beschämend: An der Stelle, an der Anis Amri seinen LKW in die Marktbuden steuerte, soll ein Sockel (Barriere) mit Berlin-Schriftzug gebaut werden. An allen anderen Stellen sollen Poller kommen. Die Betonung liegt auf sollen, denn so wirklich einig ist man sich immer noch nicht. Vielleicht existiert zum 15. Jahrestag dieser schrecklichen Ereignisse dann mal eine Ausschreibung...[282]

Das Leben schreibt jedoch auch schöne Geschichten und am schönsten sind diejenigen, in denen die doch oft gebeutelte und kritisierte Sicherheitsbranche selber Größe zeigt: Nach

---

281 https://twitter.com/SiBeFH/status/1299312605090193409?s=20, Beitrag vom 28.08.2020
282 https://www.facebook.com/SicherheitFHorn/posts/2641864029385136, Beitrag vom 14.08.2020

einem Angriff auf einen Sicherheitsmitarbeiter durch einen Bewohner einer Asylbewerberunterkunft mit einem Messer, kam es zum Gerichtsverfahren, in dem sich der Angeklagte direkt bei den drei betroffenen Sicherheitsmitarbeitern entschuldigte. Ebenso überreichte er einen Geldbetrag zum Ausgleich einer zu Schaden gekommenen Brille, den die Sicherheitskraft nicht annahm. Trotz Strafe und Schaden, gingen alle Beteiligte versöhnlich aus dem Verfahren – manchmal kann es so einfach sein.[283]

Dass wir eine starke und konsequente Polizei und ein vernünftiges Sicherheitskonzept für die Stadt benötigen, belegte ein Anschlag am 18.08. auf der Berliner Stadtautobahn A100. Hier fuhr der Täter gezielt in Motorradfahrer hinein und verursachte drei schwere Unfälle. Ein islamistisches Motiv wurde dann auch von der Staatsanwaltschaft bestätigt.[284] Berlin steht halt weiterhin im Fokus der Terroristen[285], deren Anschlagsbegehung sich möglicherweise nach Berichten russischer Geheimdienste verändern wird. Der IS soll zu „Homeoffice" aufgerufen haben. Anschläge sollten zukünftig in Mietwohnungen stattfinden, um dort unentdeckt die Vorbereitungen, aber auch die Durchführung stattfinden zu lassen. Zudem wäre dieses weiche Ziel weniger zu kontrollieren, als öffentliche Orte.[286]

Aber weder für dieses Phänomen noch für 14.000 Clan-Straftaten in Nordrhein-Westfalen scheinen wir eine Strategie

---

283 https://www.facebook.com/SicherheitFHorn/posts/2644327279138811, Beitrag vom 17.08.2020
284 https://www.facebook.com/SicherheitFHorn/posts/2646091368962402 / https://www.facebook.com/SicherheitFHorn/posts/2646154015622804, Beiträge vom 19.08.2020
285 https://twitter.com/SiBeFH/status/1297510546355425280, Beitrag vom 23.08.2020
286 https://twitter.com/SiBeFH/status/1297609935749087232?s=20, Beitrag vom 23.08.2020

zu besitzen. Natürlich gelten auch für solche kriminellen Organisationen die Prinzipien der Rechtsstaatlichkeit. Wenn aber Zeugen einknicken würden – vielleicht auch durch fehlendes Vertrauen in die Sicherheitsmaßnahmen des Staates – dann wären Prozesse schwer zu führen.[287]

Sie haben in diesem Monat noch nichts zu Corona gelesen? Richtig! Ich bin der Meinung, dass wir uns alle langsam an die Thematik gewöhnt haben. Zwar kam auch im Sommer immer wieder die Diskussion auf, ob nun Fußballspiele mit oder ohne oder vielleicht nur mit einigen ausgewählten Fans stattfinden sollten. Aber an für sich waren die aktuellen Fallzahlen keine großen Aufreger mehr. Auch wenn private Sicherheitsdienste für die Überwachung der Quarantäne (irgendwie doch eine Form des Einsperrens) zuständig waren[288]. Aber auch hier interessierte sich die schweigende Mehrheit nicht für irgendwelche Graubereiche.

Für Befürworter von Stadien- und Konzerthallenöffnungen war ein Fall im Europa-Park Wasser auf die Mühlen (weil diese durften interessanterweise ja offen haben): Hier hatte ein an Covid-19 erkrankter Mann den Freizeitpark besucht und dort möglicherweise bis zu 15.000 weitere Besucher infiziert. Die Gesundheitsämter kamen mit dem Informieren nicht mehr hinterher und gingen daher an die Öffentlichkeit. Der Alltag kam auch hier wieder schnell und damit auch das Ende der Aufregung und Nervosität.[289]

Für mehr Aufregung sorgte der Einsatz eines Sicherheitsdienstes im Dannenröder Wald, der offenbar

---

287 https://twitter.com/SiBeFH/status/1297834817669693440?s=20, Beitrag vom 24.08.2020
288 https://twitter.com/SiBeFH/status/1297793275806588928?s=20, Beitrag vom 24.08.2020
289 https://www.facebook.com/SicherheitFHorn/posts/2646209645617241, Beitrag vom 19.08.2020

während des Ausbaus der A49 notwendig wurde. Dass Abholzungen von Wäldern grundsätzlich zu Protesten und Spannungen führen, sollte heute jedem bewusst sein. Wenn dann jedoch ein Unternehmen zum Einsatz kommt, dass bereits durch Aggressionen und Provokationen rund um die Geschehnisse im Hambacher Forst auffiel, dann ist es scheinbar nicht weit her mit der Deeskalation. Während die Verantwortlichen dahingehend argumentierten, dass der Brand- und Diebstahlschutz im Vordergrund stehen würden, beschwerten sich auch nicht protestierende Anwohner über Hetzjagden von Fahrradfahrern im Wald und gezielten Einschüchterungsversuchen von Spaziergängern. Die Wahrheit wird irgendwo dazwischen liegen – die Projektfirma hält jedoch weiterhin trotz der Kenntnisnahme der Vorwürfe am Sicherheitsdienst fest.[290]

Ende August entstand dann doch noch einmal ein Corona-Krimi: Wie bereits bei der Demonstration rund um den 01.08. angekündigt, wollten die Veranstalter am 29.08. wieder nach Berlin zurückkommen. Die Versammlungsbehörde – hier die Landespolizei Berlin – untersagte in einem neunseitigen Dokument[291] die Versammlung, vor allem mit dem Hinweis, dass bereits bei der letzten Demonstration die auferlegten Hygienemaßnahmen nicht eingehalten und umgesetzt wurden[292]. Die Anmelder zogen mit einem Eilantrag gegen das Verbot – interessanterweise zieht man sich immer wieder die Rosinen aus einem System, das man bekämpfen will – vor das

---

290 https://www.facebook.com/SicherheitFHorn/posts/2647167685521437, Beitrag vom 20.08.2020 /
https://twitter.com/SiBeFH/status/1297588425747505152, Beitrag vom 23.08.2020
291 https://twitter.com/SiBeFH/status/1298870637398814720?s=20, Beitrag vom 27.08.2020
292 https://twitter.com/SiBeFH/status/1298549139622567937?s=20, Beitrag vom 26.08.2020

Berliner Verwaltungsgericht[293]. Die Stadt zog nach der Niederlage vor das Oberverwaltungsgericht, während Demoteilnehmer in QAnon-Chatgruppen ankündigten Gewalt – auch durch ihre Kinder – zu fördern, legitimieren und teilweise bewaffnet die Regierung stürzen zu wollen[294]. Bis zum späten Freitagabend wurden als Reaktion auf das Demoverbot weitere 5.000 Demonstrationen angemeldet. Ihnen gegenüber sollten jedoch nur 3.000 Polizisten stehen[295]. Gegen 04:30 Uhr dann das Urteil des Oberverwaltungsgericht: Es darf demonstriert werden – Bewertungen des Veranstalters aus der Vergangenheit dürften kein Anlass für ein Verbot darstellen[296].

Dass die Prognose der Berliner Polizei richtig war, zeigte die Auflösung einer Demonstration bereits kurze Zeit nach dem Beginn an der Friedrichstraße. Hier wurde sich nicht an die Abstandsregelungen und die auferlegte Mund-Nasen-Bedeckung-Pflicht gehalten[297]. Denken wir kurz noch einmal zurück an die 3.000 Beamte und die angekündigte Gewaltbereitschaft: Gegen Mittag berichtete die Polizei über Festnahmen im Zusammenhang mit Flaschenwürfen, Gefangenenbefreiungen und anderer Straftaten vor der russischen Botschaft, hier wurde auch Attila Hildmann – Gesicht und Hetzer der Bewegung – festgenommen. Darüber hinaus verteilten sich die Einsätze auf das ganze Stadtgebiet,

---

293 https://twitter.com/SiBeFH/status/1298921716685639680?s=20, Stand: 27.08.2020
294 https://twitter.com/SiBeFH/status/1299315220515561472?s=20, Beitrag vom 28.08.2020 /
https://twitter.com/SiBeFH/status/1299639327803179008?s=20, Beitrag vom 29.08.2020
295 https://twitter.com/SiBeFH/status/1299408224504995842?s=20, Beitrag vom 28.08.2020
296 https://twitter.com/SiBeFH/status/1299599688925171712?s=20, Beitrag vom 29.08.2020
297 https://twitter.com/SiBeFH/status/1299671495355109377?s=20, Beitrag vom 29.08.2020

immer wieder gab es Einsätze zu Personengruppen, die Straßen blockierten oder Boxbandagen anlegten.[298]

Der Berliner Innensenator hatte das Problem, dass er als Demokrat zwischen den Stühlen von polizeilicher Untersagung und gerichtlicher Bestätigung saß und formulierte es so: „Das sind Bilder, die ich gerne vermieden hätte. Dass das heute so kommt war ja die Vorhersage der Polizei Berlin. Gerichtsschelte soll man nicht betreiben... Aber ich bedauere die Gefahrensituation, die für Polizistinnen und Polizisten entstanden ist.[299]"

Am späten Nachmittag ein Schock für die Demokratie: Demonstranten hatte ihre Drohung wahrgemacht, überwanden die polizeilichen Absperrungen und stürmten die Treppe am Reichstag. Nur drei Polizeibeamte stellten sich am obersten Treppenabsatz den rund 300 bis 400 Coronaleugnern[300] entgegen und verhinderten möglicherweise eine weiteres Vordringen in das Gebäude.[301] Insgesamt vermeldete die Polizei Berlin 316 Festnahmen, 131 Strafanzeigen, 255 Ordnungswidrigkeiten und 33 verletzte Beamte[302]. Eine Person wurde mit einer Schusswaffe bei der Demonstration an der Siegessäule festgenommen werden – die Androhung bewaffnet zu kommen, war wohl nicht nur heiße Luft[303].

---

298 https://twitter.com/SiBeFH/status/1299747402899951616?s=20, Beitrag vom 29.08.2020
299 https://twitter.com/SiBeFH/status/1299767151604183045?s=20, Beitrag vom 29.08.2020
300 https://twitter.com/SiBeFH/status/1300131871423115271?s=20, Beitrag vom 30.08.2020
301 https://twitter.com/SiBeFH/status/1299786386690768896?s=20, Beitrag vom 29.08.2020
302 https://twitter.com/SiBeFH/status/1300131871423115271?s=20, Beitrag vom 30.08.2020
303 https://twitter.com/SiBeFH/status/1300434853503131649?s=20, Beitrag vom 31.08.2020

Das Ereignis um den Sturm des Bundestages sorgte für eine vehemente Diskussion über das Sicherheitskonzept und spaltete die Sicherheitsexperten in zwei Lager: Die einen, die das Einsatzkonzept der Polizei im Rahmen der Demonstration kritisierten, die anderen – so wie ich – die erschrocken über den Grundschutz des Regierungsgebäudes waren[304]. Erstere konnten sich durchsetzen, sodass sich der Innensenator Andreas Geisel und die Polizeiführung im Innenausschuss verantworten mussten[305]. Aber wäre es nicht sinnhafter darüber zu sprechen, dass ein Gebäude wie der Reichstag 24/7 an 365 Tagen unabhängig einer Demolage so geschützt werden müsste, dass niemand diese Bilder verursachen kann?

Zwei Bundesländer reagierten sofort: NRW mit dem Landtag in Düsseldorf[306] und München wollten ihr Sicherheitskonzept überprüfen[307]. Drei Tage nach der „Schande von Berlin" verkündete der Ältestenrat des Bundestags, dass er dann endlich mal fünf Tage später über die Konsequenzen und gegebenenfalls neue Sicherheitsmaßnahmen diskutieren wollte[308]. Claudia Roth warnte, dass der Bundestag nicht zu einem Hochsicherheitstrakt ausgebaut werden, sondern seine Offenheit beibehalten sollte[309]. Die Sicherheitsphilosophen hatten in der ersten Podcast-Folge über das neue Sicherheitskonzept, einen Graben um das Gebäude zu bauen,

---

304 https://twitter.com/SiBeFH/status/1300130967772975105?s=20, Beitrag vom 30.08.2020
305 https://twitter.com/SiBeFH/status/1300317504758312961?s=20, Beitrag vom 31.08.2020
306 https://twitter.com/SiBeFH/status/1300409470359658497?s=20, Beitrag vom 31.08.2020
307 https://twitter.com/SiBeFH/status/1301056030030336000?s=20, Beitrag vom 02.09.2020
308 https://twitter.com/SiBeFH/status/1300466559647973376?s=20, Beitrag vom 31.08.2020
309 https://twitter.com/SiBeFH/status/1300473438897950720?s=20, Beitrag vom 31.08.2020

berichtet[310]. Seit einem Jahr war hier wieder auch nichts passiert – typisch Berlin.

## September

Fließender Übergang: Dieser Graben sei grundsätzlich notwendig, da der Denkmalschutz die Anforderung stelle, dass der Blick auf den Reichstag unverstellt bleiben muss – sprich: einfach einen Zaun hochzuziehen, wäre nicht möglich[311]. Nach einer kurzen Diskussion unter den Sicherheitsbeauftragten der Fraktionen sollten jedoch keine weiteren Sicherheitsmaßnahmen implementiert werden[312] - läuft in Berlin. Nach Erkenntnissen des Verfassungsschutzes waren bundesweit bei mehr als 90 Kundgebungen gegen die Coronamaßnahmen vor allem Rechtsextremisten die Wortführer[313]. Aber, so eine verfassungsschutzrechtliche Auswertung, die Besetzung der Reichstagstreppe hätte nicht vorhergesehen werden können, die Anzeichen und Ankündigen wären als Verbalaggressionen gewertet worden, ein tatsächliches Umsetzen wäre nicht erkennbar gewesen. Naja....[314]

Eine einheitliche Bewertung hatten die deutschen Sicherheitsbehörden dennoch nicht. Der nordrhein-westfälische Verfassungsschutz warnte kurz nach der Berliner Verfassungsschutzentscheidung, dass sich einzelne Personen subjektiv so stark von den Corona-Maßnahmen bedroht fühlten, dass es zu einer stärkeren Radikalisierung und damit

---

310 https://youtu.be/MXXCaMFzrg8
311 https://twitter.com/SiBeFH/status/1301823590774591488?s=20, Beitrag vom 04.09.2020
312 https://twitter.com/SiBeFH/status/1301974208520556544?s=20, Beitrag vom 04.09.2020
313 https://twitter.com/SiBeFH/status/1302579540343099393?s=20, Beitrag vom 06.09.2020
314 https://twitter.com/SiBeFH/status/1303661817621815296?s=20, Beitrag vom 09.09.2020

zum Individual-Terrorismus kommen könnte.[315] Horst Seehofer reagierte wie man es von ihm erwartete: Er schlug vor, dass die Bundespolizei die Absicherung des Reichstagsgebäudes zukünftig übernehmen könnte. Mit welchem Personal das erfolgen soll, blieb er bei dieser einfachen Lösung mal wieder schuldig.[316]

Aber unser Rechtsstaat – entgegen der Meinungen bestimmter Gruppen mit eigenen Zielen – funktioniert: In Bayern wird sich nun das Verwaltungsgericht damit beschäftigen, ob die Grundrechtseingriffe durch Coronamaßnahmen gerechtfertigt waren.[317]

Die türkischstämmige Anwältin Başay-Yıldız meldete sich Anfang September zu Wort: Sie würde trotz des „Ermittlungserfolges" rund um den NSU 2.0-Komplex neue Drohschreiben erhalten. Diese könnten nur aus einem Netzwerk innerhalb der Polizei kommen. Sie wäre nach den letzten Bedrohungen umgezogen, ihre Adresse öffentlich nicht bekannt bzw. gesperrt gewesen.[318] Die Zeitung die TAZ recherchierte zu den Hintergründen um NSU 2.0, den Hintermännern, den Motiven und zum polizeilichen Ermittlungsversagen. Denn auch im Zeitungsverlag war man betroffen: Die Journalistin Hengameh Yaghoobifarah, die auch die Kolumne „All cops are berufsunfähig" geschrieben hatte, erhielt telefonische und schriftliche Drohungen. Die Historie war beängstigend und die Spuren führten nicht nur nach Berlin und Frankfurt, sondern auch nach Wiesbaden und Hamburg

---

315 https://twitter.com/SiBeFH/status/1303966661184229382?s=20, Beitrag vom 10.09.2020
316 https://twitter.com/SiBeFH/status/1304502920386355200?s=20, Beitrag vom 11.09.2020
317 https://twitter.com/SiBeFH/status/1303956372590034944?s=20, Beitrag vom 10.09.2020
318 https://twitter.com/SiBeFH/status/1301760932968833026?s=20, Beitrag vom 04.09.2020

sowie zu einem 38-jährigen suspendierten Polizeibeamten, der seine Bachelor-Arbeit über „Humor bei der polizeilichen Einsatzbewältigung" schrieb - makaber.[319] Nach Recherchen der TAZ konnten die befragten Kollegen in Berlin keine plausible Antwort zur Datenabfrage geben, in Hamburg wurde ausgesagt, dass man Anzeige gegen die TAZ-Journalistin stellen wollte und daher ihre persönliche Adresse abfragte[320].

Die Kolumne bliebt übrigens straffrei, sowohl die Staatsanwaltschaft als auch der Presserat sahen keine Anhaltspunkte einer Straftat oder eines unethischen Verhaltens.[321] Dafür musste jedoch die hessische Regierung mitteilen, dass die Polizeibehörden mittlerweile in 105 Fällen, davon in 88 (ach, auch hier welch Ironie) Drohschreiben, die dem Komplex NSU 2.0 zugerechnet werden können, ermittelten: 25 Ermittlungsverfahren gegen insgesamt 50 Beschuldigte, davon ein Teil Polizeibeamte.[322]

NRW meldete hingegen 104 Verdachtsfälle von Rechtsextremismus in den eigenen Reihen seit 2017, 4 Disziplinarverfahren auch im Innenministerium[323]. Aber zum Glück, alles Einzelfälle und kein gemeinsamer Nenner, z.B. Polizei und Rechtsextremismus in den Ländern, erkennbar. Horst Seehofer zauberte sich kleine Fallzahlen, indem er die Behörden selbst befragte (die Wahrheit der Selbstauskunft), ob ihnen Fälle von Rechtsextremismus bekannt wären. Zudem verkürzte er den Zeitraum so, dass die gerade (und hier zuvor

---

319 https://twitter.com/SiBeFH/status/1302301496139231238?s=20, Beitrag vom 05.09.2020
320 https://twitter.com/SiBeFH/status/1302672290736484356?s=20, Beitrag vom 06.09.2020
321 https://twitter.com/SiBeFH/status/1303007706014453761?s=20, Beitrag vom 07.09.2020
322 https://twitter.com/SiBeFH/status/1306982598900621324?s=20, Beitrag vom 18.09.2020
323 https://twitter.com/SiBeFH/status/1309086105829101572?s=20, Beitrag vom 24.09.2020

beschriebenen) Fälle die Statistik ja nicht verschlechterten. Das Ergebnis: Laut Lagebericht zu Sicherheitsbehörden des Bundesamts für Verfassungsschutz nur 350 Verdachtsfälle. Klingt doch super, oder?[324]

Dass die Behörden jedoch intern noch sensibler sein müssen, zeigten die Ermittlungen um die Gruppe S. in Nordrhein-Westfalen: Das dienstliche Büro von einem der festgenommenen Beamten soll voller rechter Insignien gewesen sein, das Auto eindeutig mit Stickern der Reichsbürgerbewegung beklebt und unter Kollegen hatte er eindeutig seinen politischen Unmut kundgetan.[325] In Chats schrieb er darüber hinaus an jene, dass man die Dienstwaffe gezielt gegen „Gesindel" einsetzen müsste und Anschläge mit möglichst vielen Toten verursachen sollte.[326] Bisher wäre der Beamte eher unauffällig gewesen. Genau, alles leider Hinweise gewesen, die einen erheblichen Interpretationsspielraum zuließen.

Es wurde aber den Behörden auch nicht einfach gemacht. So belegte ein Beispiel aus Brandenburg, dass die Polizeibehörden dem Phänomen zwar begegnen wollen, aber oftmals nicht können. Ein Polizeischüler war hier an der Polizeihochschule aufgefallen, nachdem er das Funkalphabet mit antisemitischen Begriffen buchstabierte. Die Einrichtung entließ den jungen Mann, der versuchte sich jedoch wieder einzuklagen. In der ersten Instanz bekam er tatsächlich auch Recht (Begründung: „es handelte sich wohl um einen missglückten Scherz", der nicht öffentlichkeitswirksam genug

---

324 https://twitter.com/SiBeFH/status/1310112329237962753?s=20, Beitrag vom 27.09.2020
325 https://twitter.com/SiBeFH/status/1302670155059810305?s=20, Beitrag vom 06.09.2020
326 https://twitter.com/SiBeFH/status/1302896531842965504?s=20, Beitrag vom 07.09.2020

war), was nun auf Antrag der Polizeihochschule vor dem Oberverwaltungsgericht in Potsdam verhandelt werden muss.[327]

Hamburg ging noch einen Schritt weiter und erklärte, dass der Stadtstaat eine Rassismusstudie ohne den Bund in Auftrag geben wollte. In einer repräsentativen und anonymisierten Stichprobe unter Begleitung der Wissenschaft werden 3.000 Polizisten, Mitarbeiter und Führungskräfte befragt.[328] In einem zweiten Schritt sollte dann geprüft werden, wie zusätzliche Faktoren der charakterlichen Eignung in den Einstellungstest einfließen könnten. Selbstkritisch musste man eingestehen, dass bisher vor allem auf die geistige und körperliche Eignung der Bewerber geschaut wurde. Persönlichkeitsmerkmale sollen – trotz aller (rechtlichen) Schwierigkeiten – beim Einstellungstest zukünftig eine wichtigere Rolle spielen.[329]

Eine Schwelle wird jedoch deutlich überschritten, wenn Polizeibeamte gegen die Pressefreiheit vorgehen, Falschaussagen tätigen, jedoch vor Gericht eines Besseren belehrt wird. Der freie Fotograf Julian Stähle wurde am 10. September 2019 Opfer von Polizeigewalt durch drei Beamte. Während er diese anzeigte, wurde jedoch ein Verfahren gegen ihn eröffnet und vor Gericht verhandelt. Sein Anwalt hielt Filmmaterial zurück, das eindeutig belegte, dass die Aggressionen von den Beamten ausgingen und konfrontierte die Beamten im Zeugenstand damit. Er bekam den Freispruch und die Staatsanwaltschaft ermittelt nun gegen die Polizisten.

---

327 https://twitter.com/SiBeFH/status/1305838447786168320?s=20, Beitrag vom 15.09.2020
328 https://twitter.com/SiBeFH/status/1310459027583905793?s=20, Beitrag vom 28.09.2020
329 https://twitter.com/SiBeFH/status/1310469578426847239?s=20, Beitrag vom 28.09.2020

Bei so viel Corpsgeist kann man einfach nur hoffen, nie selbst in eine solche Situation zu geraten.[330]

War das ein Aufschrei und Politikum gewesen: Das Landesantidiskriminierungsgesetz von Berlin hatte auch innerhalb der Innenministerkonferenz zu Verstimmungen geführt. Bundesinnenminister Seehofer hatte gedroht keine Bundesbeamte mehr nach Berlin zu senden, sollte ihnen ein Verfahren nach Einsätzen drohen. Die Innenminister von Mecklenburg-Vorpommern und Brandenburg schlossen sich dieser Forderung an, Berlin musste das Gesetz erklären, das deutlich besagte, dass ausschließlich Landesbeamte Adressaten sind. Jetzt wurde nach drei Monaten evaluiert, was denn die Konsequenzen und Fakten dazu sind. Trommelwirbel: In drei Monaten wurden insgesamt 66 Eingaben getätigt, 41 Mal ging es um Diskriminierung – WOW! In nur sechs Fällen wurden die Vorwürfe an die Polizei gerichtet, grundsätzlich waren diese aber an die Tierärztekammer, die Gerichte, Berliner Verkehrsbetriebe, das Finanzamt, Bezirksamt, die Schulen, Museen und Galerien gerichtet.[331]

Der aktuelle brandenburgische Verfassungsschutzbericht belegte, dass es in diesem Bundesland so viele Nazis wie noch gab. Die Anzahl an Rechtsextremisten war um ein Drittel gestiegen, was bedeutete, dass sie innerhalb von sechs Jahren zum sechsten Mal in Folge stieg. Die Verbindungen zur Türsteherszene sowie zu anderen Sicherheitsdiensten war weiterhin erschreckend hoch.[332]

---

330 https://twitter.com/SiBeFH/status/1302847805443239936?s=20, Beitrag vom 07.09.2020
331 https://twitter.com/SiBeFH/status/1301980122971602944?s=20, Beitrag vom 04.09.2020
332 https://twitter.com/SiBeFH/status/1302895215410319360?s=20, Beitrag vom 07.09.2020

Wie gefährlich diese Verbindungen sein können, zeigte Mitte September eine Durchsuchung von Spezialkräften in Neubrandenburg (Mecklenburg-Vorpommern). Einem aktiven Bundeswehrsoldaten wurde vorgeworfen, dass er eine schwere staatsgefährdende Straftat vorbereitet hätte. Neben seinem „Dienst fürs Vaterland" war er zudem selbstständig im Sicherheitsgewerbe unterwegs und in der rechtsextremistischen Kampfsportszene bekannt.[333] Der ermittelnde Staatsanwalt gab bekannt, dass für die breite Bevölkerung keine Gefahr bestanden hätte. Das Ziel wären wohl eher einzelne Personen und vor allem führenden Mitarbeiter des Militärischen Abschirmdienstes (MAD) gewesen, nachdem man ihn nicht mehr als verfassungstreu eingestuft hätte. Auch das passt in das Bild, das wir in den vergangenen Jahren immer wieder erleben: Tag X, Bundeswehr, Sicherheitsdienst, Prepper, Zugang zu Waffen, Personen auf Abschusslisten, Kampfsport, Vereine, usw.[334]

Als dann auch noch in derselben Woche rechtsextreme Vorwürfe gegen den „Sicherheitsdienst" Aasgard bekannt wurden – dieser bietet vor allem Dienstleistungen in Kriegsgebieten an – lief das Fass über. Wehrten sich die beiden Geschäftsführer im vergangenen Jahr noch gegen die Anschuldigungen aus dem Bundestag (das Unternehmen hatte es bis zu einer Anfrage der LINKEN geschafft), warf nach dem Bruch der Beziehung einer dem anderen rechtsextreme Tendenzen vor. Dies wird den einen oder anderen nicht überrascht haben. Beängstigend waren die Verbindungen, die durch den öffentlichen Streit bekannt wurden: Der Bundeswehrsoldat aus Neubrandenburg hatte offenbar

---

333 https://twitter.com/SiBeFH/status/1305728900169969665?s=20 / https://twitter.com/SiBeFH/status/1305774293570256897?s=20, Beiträge vom 15.09.2020
334 https://twitter.com/SiBeFH/status/1306172157039382530?s=20, Beitrag vom 16.09.2020

genauso gute berufliche Beziehungen zu dem Unternehmen wie ein Polizist aus dem Polizeipräsidium Frankfurt am Main, der Behörde, in der die Ermittler den Sumpf von NSU 2.0 vermuteten. Dieser Polizeibeamte hatte offenbar Dienstgeheimnisse an Aasgard verraten.[335] Gleichzeitig wurde bekannt, dass der Chef des Bundesamts für Verfassungsschutz Haldenwang durch einen Personenschützer geschützt wurde, der aktives Mitglied des unter Beobachtung des Verfassungsschutz stehenden (die Ironie kann man sich nicht ausdenken!!!!!!!!!!!!) rechtsextremen Vereins Uniter war. Trotz des Hohns und Spotts dürfen wir nicht vergessen, was das Ziel des Uniter-Gründers war: Unterlaufen der Sicherheitsbehörden.[336] Bei den ganzen Verbindungen innerhalb einer Woche, konnte ich es mir nur noch grafisch darstellen. Das Ergebnis will ich euch nicht vorenthalten:

335 https://twitter.com/SiBeFH/status/1306835176236945408?s=20, Beitrag vom 18.09.2020 /
https://twitter.com/SiBeFH/status/1308430775470227457?s=20, Beitrag vom 22.09.2020
336 https://twitter.com/SiBeFH/status/1306903516435361792?s=20, Beitrag vom 18.09.2020

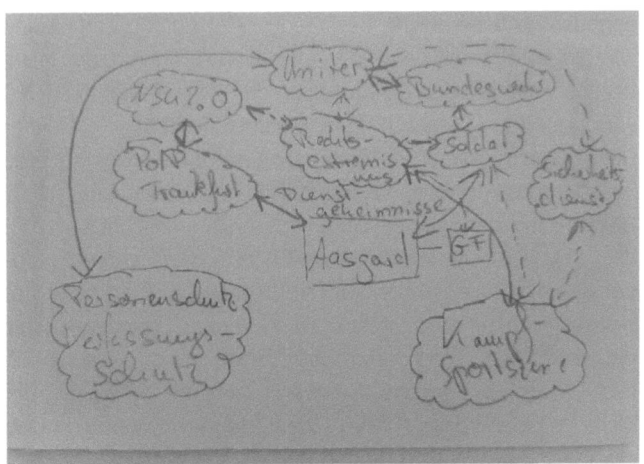

Wie erst in diesem Monat herauskam, wurden auch die Räumlichkeiten von Aasgard durchsucht. Welchen Hintergrund es dazu gab, wurde durch die Polizei sowie durch das Unternehmen nicht bekanntgegeben.[337] Konsequenzen gab es aber auch beim MAD: Bisheriger Präsident Christof Gramm wurde aufgrund seines laschen Umgangs mit rechtsextremen Strömungen und dem Verein Uniter durch die Bundesministerin abgesetzt[338].

Deutschland, das Land der Digitalisierung und des modernen Fortschritts – eine Illusion, die sich erneut bestätigte. Seit sieben Jahren sollen wir als Bevölkerung Apps wie Katwarn und Nina nutzen. Zuverlässig sollen uns diese über Ereignisse in unserem örtlichen Umfeld informieren. Was passiert denn aber eigentlich, wenn die gesamte Bevölkerung

337 https://twitter.com/SiBeFH/status/1308293507296030721?s=20, Beitrag vom 22.09.2020
338 https://twitter.com/SiBeFH/status/1309425702039687169?s=20, Beitrag vom 25.09.2020

informiert werden muss? Das wollte das Bundesamt für Bevölkerungsschutz und Katastrophenhilfe (BBK) am ersten Warntag testen und scheiterte regional teilweise kläglich. Grund für die 20 bis 40 minütige Verspätung des Eingangs der Warnmeldung beim Bürger war wohl die Überlastung des modularen Warnsystems.[339] Der Bundesinnenminister reagierte – ausnahmsweise und im Vergleich zum Reaktionspotenzial bei Rechtsextremisten in der Polizei – konsequent und entband den amtierenden Präsidenten des BBKs umgehend seiner Tätigkeiten[340].

Am Düsseldorfer Flughafen war man im März angetreten, um wirklich alles anders und besser zu machen: Der Sicherheitsdienstleister DSW sah sich dann aber relativ schnell Vorwürfen des Missbrauchs staatlicher Leistung ausgesetzt. Die Gewerkschaft ver.di warf dem Unternehmen vor, Krankentage einfach aus der Lohnabrechnung gestrichen und sich dadurch am Kurzarbeitergeld bereichert zu haben.[341] Im Oktober nahm die Bundesagentur für Arbeit die Ermittlungen auf. Es bestätigte sich offenbar, dass die DSW Krankentage, an denen Sie unabhängig des Kurzarbeitergeldes die Löhne fortzuzahlen musste, nicht eingetragen hatte und sich damit die Zahlung der Lohnkosten durch das Kurzarbeitergeld und den Steuerzahler finanzieren ließ. Aufgrund struktureller Nichtzahlung gehen Arbeitsrechtsexperten von einem vorsätzlichen Handeln aus.[342] Für mich war der Umstand, dass man versuchte Lohnkosten zu sparen, wenig überraschend,

---

339 https://twitter.com/SiBeFH/status/1303994918969503744?s=20 / https://twitter.com/SiBeFH/status/1303997206610030594?s=20, Beiträge vom 10.09.2020
340 https://twitter.com/SiBeFH/status/1306199591340175362?s=20, Beitrag vom 16.09.2020
341 https://twitter.com/SiBeFH/status/1304714735565377537?s=20 ´, Beitrag vom 12.09.2020
342 https://twitter.com/SiBeFH/status/1314212773211992066?s=20, Beitrag vom 08.10.2020

werden doch auch nur noch mit Kampfpreisen Ausschreibungen an Flughäfen gewonnen. Bei Ausfällen oder Leistungsreduzierungen kann das vertragliche Konstrukt gar nicht aufgehen. Ach ja, hatte ich nicht aufgrund der Ausschreibungsfrist nicht etwas vorausgesagt? Als Leser könnte man leicht sagen, im Nachhinein sind diese Aussagen oder Forderungen immer einfach aufzustellen. Genau aus diesen Gründen verlinke ich zu jeder These meine Beiträge in den Fußnoten, sodass der Zeitstrang aus Datum, Ereignis und These nachvollzogen werden kann.

Gute Zahlen – auch wenn es der BDSW nicht sehen wollte – auch im zweiten Quartal der Corona-Pandemie: Zwar gab es einen Rückgang von 1,7% gegenüber Q1/2020. Da dort jedoch ein Plus von 1,6% erwirtschaftet wurde, lag der Umsatzverlust tatsächlich nur bei -0,1% gegenüber dem Vorjahr. Während Reisebüros Umsatzverluste von 88,7% hinnehmen mussten, heulte unsere Branche um läppische, vielleicht sogar nur saisonbedingte Schwankungen von -0,1%. Ok, es begannen auch die Tarifverhandlungen, da muss man natürlich kindisch darlegen, wie schlecht es den Unternehmen geht, um seiner Ressource „Mensch" bloß nicht mehr zahlen zu müssen...[343]

Ein knappes Jahr ist nun der Einbruch im Grünen Gewölbe her und noch immer schienen die Ermittler keinen wirklichen Erfolg zu haben. Zwar gab es immer wieder Durchsuchungen – auch im September in Berlin – aber wirkliche Ergebnisse konnten nicht präsentiert werden.[344] Im Fall Bode-Museum hingegen – die Staatsanwaltschaft vermutete ja möglicherweise dieselbe Clan-Familie dahinter – wird der Bundesgerichtshof in zwei von drei Urteilen über die Revision

---

343 https://twitter.com/SiBeFH/status/1305879119184515072?s=20, Beitrag vom 15.09.2020
344 https://twitter.com/SiBeFH/status/1306553657543004161?s=20, Beitrag vom 17.09.2020

entscheiden müssen. Darunter auch der Fall des Sicherheitsmitarbeiters, der als Tippgeber fungierte. Nur ein Täter hatte das Urteil angenommen.[345]

Parallel zu diesen Meldungen berieten erneut Museumsverantwortliche über Konsequenzen aus den Einbrüchen. Offenbar hatte man kein Interesse daran, die Sachverhalte wirklich aufzuarbeiten, denn die Lösungen nach den Analysen aus Berlin und Dresden lagen auf der Hand: Budgetsicherheit schaffen, Technik sofort modernisieren und für qualitativ hochwertige Sicherheitsdienstleistungen nicht den billigsten Anbieter nehmen.[346] Wie wichtig diese These werden würde, wird der kommende Monat zeigen. Stattdessen diskutierte auch Monika Grütters, ihres Zeichens nach Staatsministerin für Kultur und Medien, über den Spagat zwischen Öffentlichkeit und Kultur. Der Beobachter fragte sich unter Berücksichtigung der Vorgehensweisen der Täter (außerhalb der Öffnungszeiten, Tatbegehung unter Ausnutzen veralteter Technik und durch Insiderinfos), warum über Taschenkontrollen überhaupt gesprochen wurde.[347]

Der Zoll hingegen arbeitete weiterhin fleißig gegen die schwarzen Schafe des Sicherheitsgewerbes: 900 Zollbeamte, Steuerfahnder, Sondereinsatzkräfte und Polizeibeamte durchsuchten am Morgen des 30. Septembers mehr als 100 Objekte bundesweit, vor allem mit den Schwerpunkten Frankfurt am Main, München, Lörrach, Hamburg und Berlin. Den Beschuldigten wurde vorgeworfen, Scheinrechnungen in Höhe von 30 Millionen Euro ausgestellt und damit Steuern und

---

345 https://twitter.com/SiBeFH/status/1308437456795119616?s=20, Beitrag vom 22.09.2020
346 https://twitter.com/SiBeFH/status/1308634357326843904?s=20, Beitrag vom 23.09.2020
347 https://twitter.com/SiBeFH/status/1308713886737141761?s=20, Beitrag vom 23.09.2020

Sozialversicherungen in Höhe von 3,5 Millionen Euro hinterzogen zu haben. Rund 100 Sicherheitsfirmen stehen im Verdacht, Teil dieses Netzwerks zu sein. Hinzu kommen Verbindungen in das Rocker-Milieu und zur Organisierten Kriminalität.[348]

## Oktober

Der Oktober startete mal wieder mit einer Meldung zu einer extremistischen und rassistischen Chatgruppe, diesmal bei der Berliner Polizei. 25 Beamten sollen sich über einem Zeitraum von mehreren Jahren Nachrichten mit teils strafbaren Inhalten zugesandt haben. Aufgedeckt wurde dieses Handeln nicht durch interne Prozesse, sondern durch Recherchen des ARD-Magazins „Monitor".[349] Sechs Studenten an der Hochschule für Wirtschaft und Recht Berlin (HWR) mussten nach dem Aufdecken der Chatgruppe die Hochschule und den Polizeidienst verlassen.[350]

Aber nicht nur bei dem Berliner, auch beim Nordrhein-Westfälischen Verfassungsschutz standen drei ehemalige Mitglieder einer Observationsgruppe für extremistische Täter (rechts sowie islamistisch) unter Rechtsextremismusverdacht.[351] Und Horst Seehofer wurde nicht müde sein Mantra zu predigen: „Wir verheimlichen nichts" – nein, ihr schaut nur einfach nicht hin.[352] Der Widerstand gegen seine Haltung stieg jedoch auch innerhalb

---

348 https://twitter.com/SiBeFH/status/1311219647765794816?s=20, Beitrag vom 30.09.2020
349 https://twitter.com/SiBeFH/status/1311578333352689666?s=20, Beitrag vom 01.10.2020
350 https://twitter.com/SiBeFH/status/1318218439144710144?s=20, Beitrag vom 19.10.2020
351 https://twitter.com/SiBeFH/status/1311610653640134656?s=20, Beitrag vom 01.10.2020
352 https://twitter.com/SiBeFH/status/1311585967300583424?s=20,

der eigenen Partei. Der innenpolitische Sprecher der Unionsfraktion Mathias Middelberg forderte eine gründliche Untersuchung des Phänomens.[353] Ein „Geschmäckle" bekommen solche Aussagen und Verweigerungen immer dann, wenn einzelne Personengruppen vehement verteidigt werden, ohne überhaupt eine faktische Begründung dafür zu haben: Über Gewalt gegen Polizisten werden allerhand Statistiken geführt, Gewalt durch Polizisten wird nirgendwo erfasst – kurios![354]

Unter den SPD-Innenministern regte sich indes Widerstand – Boris Pistorius schrieb beispielsweise „Ich möchte nicht über Bauchgefühle, vermeintliches Wissen und Vorurteile der Polizei diskutieren, ich möchte über Fakten reden.[355]" Berlin (Innensenator auch durch die SPD gestellt) wollte sich der länderübergreifenden Studie zu Extremismus ebenfalls anschließen[356]. Vize-Kanzler Olaf Scholz gab dann überraschend bekannt, dass es eine Rassismus-Studie geben wird. Offenbar hatte sich der kleinere Koalitionspartner gegen den mächtigen Horst Seehofer durchgesetzt. Man müsste sich nur noch über den Namen und den konkreten Inhalt einigen.[357]

Interessanterweise unternahmen die Polizeien auch etliche Anstrengungen, rechtsextremistische Strömungen in der Gesellschaft zu bekämpfen, sie kommunizierten es jedoch nicht. Die Polizei Berlin vollstreckte offenbar mehr Haftbefehle und Durchsuchungsbeschlüsse, als sie es öffentliche darstellte.

---

[353] https://twitter.com/SiBeFH/status/1313350616744329216?s=20, Beitrag vom 06.10.2020

[354] https://twitter.com/SiBeFH/status/1314439847000629248?s=20, Beitrag vom 09.10.2020

[355] https://twitter.com/SiBeFH/status/1315735312434372608?s=20, Beitrag vom 12.10.2020

[356] https://twitter.com/SiBeFH/status/1315756023056039938?s=20, Beitrag vom 12.10.2020

[357] https://twitter.com/SiBeFH/status/1318428399715700736?s=20, Beitrag vom 20.10.2020

Warum sie das tat und sich damit gezielt der Kritik auf dem rechten Auge blind zu sein, aussetzte, blieb unbeantwortet.[358] Nach Monaten des Wegschauens griff der Staat nun auch beim Verein Uniter – zwischenzeitlich in die Schweiz umgesiedelt – durch: Ein unerlaubtes Schießtraining im Sommer 2018 in Mosbach führte zu Strafbefehlen. Die Höhe der Strafe könnte zu waffenrechtlichen Unzuverlässigkeitsfeststellungen und damit zu harten Konsequenzen bei den Beteiligten führen.[359]

Nach nun mehreren Jahren der Verhandlungen, des Streits, von Demonstrationen und Anschlägen stand der Räumungstermin für das linksextremistische Wohnprojekt „Liebigstraße 34" in Berlin am 09.10.2020 an[360]. Die Räumung des Komplexes lief unspektakulärer als von vielen angenommen und begleitet von vereinzelten Demonstrationen und Brandanschlägen. Friede, Freude, Eierkuchen hätte man sagen können, wenn da nicht eine Gruppen von vier tschetschenischen Sicherheitskräften – und Abrissarbeiter (im Doppelpaket halt günstiger) – gewesen wäre, die eine stadtweite Provokation hervorriefen: Du weißt, dass du als „Sicherheitsmitarbeiter" richtig scheiße gebaut hast, wenn die Polizeipressemeldung und das Statement auf indymedia übereinstimmen. Nach den Meldungen auf beiden Kanälen, war es nach der Räumung zu einer nächtlichen Auseinandersetzung gekommen, nachdem eine Frau eine Kerze vor dem Gebäude abgestellt hatte. Diese wurde durch die „Securities" – eingesetzt im Auftrag des Eigentümers und ausgestattet mit der wichtigen gelben Warnweste – ausgetreten, worauf es zunächst zu einer verbalen

[358] https://twitter.com/SiBeFH/status/1314074702277685250?s=20, Beitrag vom 08.10.2020
[359] https://twitter.com/SiBeFH/status/1315883966365343745?s=20, Beitrag vom 13.10.2020
[360] https://twitter.com/SiBeFH/status/1311744897570017281?s=20, Beitrag vom 01.10.2020

Auseinandersetzung kam. In Folge dieser bedrohten die vier Personen die Frau und ihre Begleiter mit einem Brecheisen, einer Brechstange sowie einer Schaufel. Die Bilder davon gelangten öffentlichkeitswirksam in die sozialen Medien. Aus einer Personengruppe von 30 Personen wurden die „Sicherheitsmitarbeiter" dann mit Flaschen beworfen, bevor die Polizei eintraf. Konsequenz: Strafanzeige gegen die „Securities" wegen des Verdachts der versuchten gefährlichen Körperverletzung, Nötigung und Beleidigung, neuerliche Demonstrationsaufrufe gegen den Eigentümer und ein Vertreiben der „Sicherheitsmitarbeiter" sowie einen Brandanschlag auf das Gebäude Liebig 34, bei dem auch die „Sicherheitskräfte" durch Feuerwehrleute gerettet werden mussten.[361]

In unserem Podcast[362] stellte ich die Frage, ob wir nicht ein stärkeres Einmischen der Politik in die Sicherheitswirtschaft benötigen. Wie kann es denn sein, dass ein hochpolitisches Thema, das bereits an anderer Stelle zu enormen Auswirkungen auf die Stadt Berlin geführt hatte, dadurch torpediert wird, dass ein unprofessioneller und gewaltbereiter Sicherheitsdienst die Stadt wortwörtlich in Flammen legen kann? Müsste der Senat nicht stärker Einfluss auf die Nachsicherung der Objekte nehmen, wenn die Gefahr eines Flächenbrandes entsteht? Klar, die Gesetze besagen, dass Eigentum verpflichtet, aber hier erschien der Impact auch auf

---

[361] https://twitter.com/SiBeFH/status/1316612090052964352?s=20, https://twitter.com/SiBeFH/status/1316617286237683712?s=20, https://twitter.com/SiBeFH/status/1316624869321211909?s=20 Beiträge vom 15.10.2020
[362] Podcast 26: Die hässliche Fratze der Sicherheit! Abrufbar über https://youtu.be/Q-XWSGS2ArU

den Rest der Bevölkerung zu wirken und müsste viel stärker im politischen Sicherheitskonzept bewertet werden.[363]

Keinen Monat ohne rechtsextremistische Vorwürfe gegen private Sicherheitsdienste – in diesem Monat sogar zwei:

Die Einheitsfeier mit der Bundesregierung und 230 Staatsgästen am 03.10. zum 30-jährigen Mauerfall in Potsdam (Brandenburg) wurde nicht nur durch die Corona-Pandemie überschattet, sondern auch durch die Anstellung eines rechtsextremistischen Sicherheitsdienstes zur Überwachung der Ausstellung.[364] Aufgefallen waren die Sicherheitskräfte durch ein Bild, auf dem zwei Personen die Buchstaben „SS" von Hessen einrahmten. Ex-Mitarbeiter äußerten sich, dass 80% der Mitarbeiter bekannterweise fremdenfeindlich oder rechtsextrem eingestellt sind. Politik und Veranstalter schwiegen zu den peinlichen Nachrichten, vor allem im Kontext zu den regelmäßigen Warnungen des Verfassungsschutzes zur Vernetzung von Rechtsextremismus und Sicherheitsdiensten im Land.[365]

Aber auch der MDR Thüringen recherchierte zu der Neonazi-Hooligan-Gruppe "Jungsturm", die als „Securities" bei Musikfestivals, Kampfsportveranstaltungen, aber auch bei Familienfesten, wie bei der Feuerwehr zum Einsatz kamen. Gegen Mitglieder der Gruppe „Jungsturm" wurde seit Anfang April wegen der Bildung einer kriminellen Vereinigung, Raub und gefährliche Körperverletzung ermittelt.[366]

---

[363] https://twitter.com/SiBeFH/status/1319511693643468800?s=20, Beitrag vom 27.10.2020
[364] https://twitter.com/SiBeFH/status/1312072831648366594?s=20, Beitrag vom 02.10.2020
[365] https://twitter.com/SiBeFH/status/1312736426472112128?s=20, Beitrag vom 04.10.2020
[366] https://twitter.com/SiBeFH/status/1317182125905510401?s=20, Beitrag vom 16.10.2020

Das Sicherheitsunternehmen Kötter veröffentlichte eine Pressemitteilung zu der anstehenden Erarbeitung des Sicherheitsdienstleistungsgesetzes mit dem Hinweis, dass Unternehmensverbände und einzelne Unternehmen aktiv auf das Gesetzgebungsverfahren Einfluss nehmen. Über die Plattform „Frag den Staat" fragte ich das BMI an, welche Unternehmen und welche Verbände an den geplanten Workshops teilnehmen. Ich sah die Gefahr, dass die „Boomer"-Generation, die sich ohne eine qualifizierende Berechtigung an ihre Positionen klammert, wieder weichgespülte Anforderungen definieren kann, die weder State of the Art noch zukunftweisend sind. Zudem fehlte mir in diesen Gremien die paritätische Besetzung von Mann, Frau und junger Generation.[367] Die Antwort des BMIs überraschender als erwartet: Nein, es gebe noch keine konkrete Planung für die Workshops. Nein, man hätte noch nicht die Teilnehmer ausgesucht. Aber ja, eine Beteiligung der Wirtschaft wird es geben.

Die gewollte und fantasierte politische Bedeutung der Sicherheitsbranche wird immer wieder durch die Realität zerstört. So gab es auch in diesem Monat eine Razzia innerhalb der Sicherheitsbranche: In mehr als 40 Wohnungen und Geschäftsräumen in Nordrhein-Westfalen wurden durch die Staatsanwaltschaft Köln, die Steuerfahndung und dem Zoll Durchsuchungen durchgeführt. Der Vorwurf diesmal: Illegale Beschäftigung von Arbeitnehmern ohne Anmeldung, Schadenshöhe unbekannt.[368]

Im Oktober waren wir mitten in der zweiten Corona-Welle. Die Maßnahmen wirkten deutlich niedrigschwelliger, als noch

---

[367] https://twitter.com/SiBeFH/status/1313400839051063297?s=20, Beitrag vom 06.10.2020

[368] https://twitter.com/SiBeFH/status/1321418089699921920?s=20, Beitrag vom 28.10.2020

Anfang des Jahres. Wirtschaftliche Probleme in Bars, Restaurants und anderen Vergnügungseinrichtungen führten dazu, dass Kontrollen von Polizei und Ordnungsamt auch durch Sicherheitskräfte sabotiert wurden. In Hamburg drückten Türsteher auf Alarmknöpfe, um Gäste und Beschäftigte in der Bar zu warnen, sodass die Coronamaßnahmen eingehalten wurden sobald die Ordnungshüter den Laden betraten.[369] Sylt hingegen ging einen der bequemen Wege und setzte einen Sicherheitsdienst zur Unterstützung der Ordnungsdienste ein. Zeitlich nämlich dann, wenn die staatlichen Kontrollorgane im Feierabend waren. Die rechtliche Basis hierfür war nicht eine Beleihung oder ein anderes sauberes Konstrukt, vielmehr wurde der § 34a GewO so weit ausgedehnt, dass er passte. Bei Gegenfragen zur Rechtsgrundlage wurde darauf verwiesen, dass es ja nur um eine freundliche Ansprache ginge und bei Weigerungshaltung dann die Ordnungsbehörden hinzugezogen werden müssten.[370]

Aber auch die Kommunen hatten das Problem, dass immer mehr Regeln auf einen immer längeren Zeitraum auf die kommunalen Ordnungsdienste einwirkten. Der Bedarf für zusätzliche personelle Unterstützung wurde immer größer. So forderte der Städte- und Gemeindebund, dass zertifizierte (welches Zertifikat auch immer gemeint ist) private Sicherheitsdienste die Arbeit der Ordnungsbehörden unterstützen sollen. Das Konstrukt der Beleihung wurde in den Mund genommen, über Ausbildung, rechtliche Probleme oder Akzeptanz in der Bevölkerung wurden noch nicht diskutiert.[371] In einigen Bundesländern wie z.B. in Baden-Württemberg

---

[369] https://twitter.com/SiBeFH/status/1315294085327073281?s=20, Beitrag vom 11.10.2020
[370] https://twitter.com/SiBeFH/status/1317180473085394944?s=20, Beitrag vom 16.10.2020
[371] https://twitter.com/SiBeFH/status/1315521178442838016?s=20, Beitrag vom 12.10.2020

wurden „alte" Konstrukte ausgegraben: freiwilliger Polizeidienst. Mit 84 Stunden Ausbildung sollen diese Personen Uniform und Waffe tragen und damit in der Umsetzung der Coronaverordnungen die Polizei entlasten.[372]

Warum eine Strategie im Rahmen der Beleihung von Sicherheitsdiensten zur Umsetzung von Coronamaßnahmen detailliert ausgearbeitet werden sollte, zeigten die unzähligen Übergriffe auf Sicherheitsmitarbeiter: In Chicago wurde ein Sicherheitsmitarbeiter nach dem Hinweis auf Maskenpflicht und den Gebrauch von Desinfektionsmittel von zwei Schwestern niedergestochen. Auch die Aggression in Deutschland nahm zu: In Heide wurde ein Sicherheitsmitarbeiter auf einem Jahrmarkt nach Hinweis auf die Maskenpflicht von acht bis neun Angreifern zusammengeschlagen[373]. Eine schnelle Lösung und damit ein Verheizen von Sicherheitskräften kann hier einfach nicht zielführend sein.[374]

Die Bundesagentur für Arbeit Berlin/Brandenburg meldete Ende Oktober, dass es in den beiden Bundesländern auch personelle Auswirkungen durch Corona gegeben hätte. So wären Entlassungen im Gastgewerbe und auch im Wachschutz zu finden.[375] Ebenso kämpften einige Unternehmen mit den Folgen, aber auch mit den Konsequenzen von inhouse-Kriminalität: Das sowieso durch Corona gebeutelte Geld- und Werttransportunternehmen WSG Wuppertal hatte mit verschwundenen Millionen zu kämpfen. Die ersten 5 Millionen

---

[372] https://twitter.com/SiBeFH/status/1320804548341047298?s=20, Beitrag vom 26.10.2020
[373] https://twitter.com/SiBeFH/status/1322296619262529544?s=20, Beitrag vom 30.10.2020
[374] https://twitter.com/SiBeFH/status/1321694256671633409?s=20, Beitrag vom 29.10.2020
[375] https://twitter.com/SiBeFH/status/1322080104072314880?s=20, Beitrag vom 30.10.2020

Euro waren bereits im Sommer – zufällig während der Wartung und Außerbetriebnahme der Videoüberwachung – verschwunden. Die nächsten Millionen dann im Oktober. Das Unternehmen – bereits in Kurzarbeit – erstattete Anzeige, was das erste eingestellte Verfahren wieder aufleben ließ. Gleichzeitig kam heraus, dass das Unternehmen und deren Geldtransporte in Teilen nicht mehr versichert gewesen waren, weshalb Bankkunden bereits abgesprungen waren.[376]

Das Bundesamt für Verfassungsschutz kürte ich im Oktober zu meiner Lieblingsbehörde. Die Meldungen aus der Bundesbehörde konntest du dir nicht ausdenken: Nachdem die Meldung über den rechten Personenschützer im vergangenen Monat bereits für Schlagzeilen sorgte, musste es nun eingestehen, dass wohl Waffen aus der Waffenkammer in Köln verschwunden waren. Deren Einsatz und „neue Verwendung" konnte nicht erklärt werden.[377] Gleichzeitig musste die gesamte Führungsriege in Quarantäne gehen, da man offenbar die Corona-Auflagen nicht eingehalten hatte und Präsident sowie die beiden Vize-Präsidenten positiv auf das Virus getestet wurden.[378]

Man hätte meinen können, dass man aus den Einbrüchen in die Museen in Deutschland gelernt hätte – der Satz aus 2019 kommt einem doch bekannt vor, oder?

Nicht nur die Sachbeschädigung an 63 Objekten (ägyptischen Sarkophagen, Steinskulpturen und Gemälden) auf der Berliner Museumsinsel war schmutzig, auch die politische Schlammschlacht, die danach begann. Erst Mitte

---

[376] https://twitter.com/SiBeFH/status/1322476008721817600?s=20, Beitrag vom 31.10.2020
[377] https://twitter.com/SiBeFH/status/1316990876825145346?s=20m Beitrag vom 16.10.2020
[378] https://twitter.com/SiBeFH/status/1317128353103609858?s=20, Beitrag vom 16.10.2020

Oktober kam heraus, dass bereits am 03. Oktober unbekannte Täter im Pergamonmuseum, im Neuen Museum, in der Alten Nationalgalerie sowie an anderen Orten Exponate mit einer öligen Flüssigkeit (Ende Oktober wurde bekannt: Olivenöl[379]) beschädigten. Die Tatschäden wurden nicht vom Aufsichtspersonal festgestellt, sondern durch eine Mitarbeiterin des Museums.

Scheibchenweise kam heraus, dass die Sicherheit trotz der Erfahrungen und der festgestellten Mängel aus dem Einbruch in das Bode-Museum 2017 (Goldmünze) offenbar nicht erhöht wurde. Die Videoüberwachungskameras lieferten nach Angaben des LKAs keine Hinweise auf Täter. Mit Überraschung stellte man fest, dass alle Besucher Masken tragen würden und eine Identifikation von potenziellen Tätern nur schwerlich möglich sei.[380] Ende Oktober musste die Generaldirektorin sogar noch einmal mehr zurückrudern: Die Videokameras seien seit einem Software-Update Ende September „unbemerkt ausgefallen", nur eine Kamera hätte funktioniert.[381] Zudem hätte ausschließlich der Preis bei der Vergabe der Sicherheitsdienstleistung gezählt, man wolle nun 2021 auch fachliche Kriterien in die Bewertung mit einbeziehen.[382]

Diese fragwürdige Herangehensweise an das Sicherheitskonzept wurde durch Aussagen der Generaldirektorin Christina Haak „erklärt": „Haak betonte zum Thema Sicherheit, die Maßnahmen würden der jeweiligen Lage

---

[379] https://twitter.com/SiBeFH/status/1321772714336620544?s=20, Beitrag vom 29.10.2020
[380] https://twitter.com/SiBeFH/status/1319148924402270209?s=20, Beitrag vom 22.10.2020
[381] https://twitter.com/SiBeFH/status/1321851891886772224?s=20, Beitrag vom 29.10.2020
[382] https://twitter.com/SiBeFH/status/1321852147651256320?s=20, Beitrag vom 29.10.2020

angepasst." Konkret muss also erst etwas passieren (Lage), bevor die Maßnahmen angepasst werden – unverständlich und unprofessionell.[383] Doch wie bereits beschrieben, war dies erst der Anfang der Schlammschlacht: Gegen den Generaldirektor Michael Eissenhauer der Staatlichen Museen Berlin wurde durch mehrere Museumsdirektoren Dienstaufsichtsbeschwerde erhoben.[384] Das sofortige Durchsickern an die Presse bewerteten Beobachter als ein erheblich angespanntes Verhältnis innerhalb der Stiftung. Gefüttert wurde dieses Misstrauen durch einen weiteren Fall von Vandalismus im Lustgarten vor dem Berliner Dom. Unbekannten hatten hier politische Botschaften mit Graffiti auf einen Brunnen gesprüht.[385]

Im Nachgang versuchte man Ausreden und Schuldige zu finden: Man wehklagte, dass man jetzt 63 unterschiedliche Behandlungen durchführen müsste, um die Kunstwerke zu restaurieren. Hätte man vor der „Lage" 63 Konzepte aufgestellt, hätte man im Nachhinein kein Problem gehabt.[386] Gleichzeitig zeigte man mit dem Finger auf den Personalrat und behauptete medienwirksam, dass dieser Schuld an der Misere sei, da er einer Ausweitung der Videoüberwachung nicht zugestimmt hatte. Dass man sich damit eigentlich nur selbst outete, indem man erneut zeigte, dass man ein mangelndes Verständnis von Sicherheit hat, bemerkte man nicht. Wenn ich

---

[383] https://twitter.com/SiBeFH/status/1319307172229140482?s=20, Beitrag vom 22.10.2020

[384] https://twitter.com/SiBeFH/status/1319990248533884928?s=20, Beitrag vom 24.10.2020

[385] https://twitter.com/SiBeFH/status/1320760905723006981?s=20, Beitrag vom 26.10.2020

[386] https://twitter.com/SiBeFH/status/1319999624610983936?s=20, Beitrag vom 24.10.2020

eine Maßnahme nicht argumentiert bekomme, dann muss ich Alternativen finden und nicht aufgeben.[387]

In der Zeitung „taz" gaben der Leiter Referat Sicherheit Hans-Jürgen Harras (Stiftung Preußischer Kulturbesitz) und Christina Haak (Stellvertretende Generaldirektorin der Staatlichen Museen zu Berlin) ein aufschlussreiches Interview: Verwirrend und völlig unironisch antwortete sie auf die Frage nach fehlenden Ausgaben in der Vergangenheit, dass man sich ja bereits bei den Aufsichten im unteren Lohnbereich befände. Dass das möglicherweise auch der Grund für das Unterlaufen des Sicherheitsdienstes durch einen Innentäter beim Goldmünzendiebstahl und mangelnde Aufmerksamkeit des Aufsichtspersonals in diesem Fall gewesen sein könnte, verstanden die beiden nicht – billig heißt nicht sicher![388] Möglicherweise stehen die Berliner Ereignisse in einem Tatzusammenhang mit Sachbeschädigungen aus dem Sommer in Paderborn. Hier hatten unbekannte Täter im Kreismuseum Wewelsburg fast 50 Objekte mit einer ähnlichen Substanz beschädigt. Das Bonner Kunstmuseum hingegen meldete, dass es für jedes Exponat ein eigenes Sicherheitskonzept gäbe. Hier sind es Einzelfallentscheidungen, ob Plexiglas, Aufsichtspersonal oder Lasergitter Werke schützen sollen.[389] Am Ende dann die Entscheidung: Die Stiftung hält an den bisherigen Maßnahmen zur Sicherheit an der Museumsinsel fest und die Polizei will dort häufiger Streife fahren. Wie das in

---

[387] https://twitter.com/SiBeFH/status/1320785610639052803?s=20, Beitrag vom 26.10.2020
[388] https://twitter.com/SiBeFH/status/1320005914066325504?s=20, Beitrag vom 24.10.2020
[389] https://twitter.com/SiBeFH/status/1320632802891780102?s=20, Beitrag vom 26.10.2020

den Museen zu weniger Sachbeschädigungen führen soll, bleibt fraglich.[390]

Dass private Sicherheitsunternehmen in einer guten Zusammenarbeit mit anderen Organisationseinheiten eines Unternehmens zielführend für Sicherheit sorgen können, zeigte ein verhinderter Einbruch in eine Sparkassenfiliale in Hamburg[391]. Eine Reinigungskraft hatte „merkwürdige" Vorgänge in der Bank festgestellt und den Sicherheitsdienst angerufen. Dieser alarmierte umgehend die Polizei, die zwar keine Täter, aber einen 70 kg-schweren Industrie-Bohrer feststellen konnte.[392]

Low budget security kills peolpe – „Schick mir mal eben 5 Mann und stell sie dort und dort hin!" Eine Aussage, die man häufiger in diversen Sicherheitsgruppen auf Facebook liest. Nicht nur hinsichtlich der DGUV 23-Vorschriften eine fragwürdige Praxis, auch sehr gefährlich: Eine Aufarbeitung des Terroranschlags während des Konzertes der Sängerin Ariana Grande am 22. Mai 2017 mit 23 Toten in Manchester brachte zu Tage, dass der Anschlag möglicherweise durch gut geschultes Personal und den Einsatz von Technik hätte verhindert werden können. Der 19-jährige Sicherheitsmitarbeiter Mohammed Agha arbeitete für das Sicherheitsunternehmen Showsec. 15 Minuten vor der Explosion erhielt er durch einen Passanten einen Hinweis, dass sich eine verdächtige Person mit Rucksack in seinem Bereich aufhalte. Agha konnte keinen Alarm auslösen, da er über kein Funkgerät verfügte und Sorge vor einer Entlassung hatte,

---

[390] https://twitter.com/SiBeFH/status/1321123873891508228?s=20, Beitrag vom 27.10.2020
[391] https://twitter.com/SiBeFH/status/1320342887008174080?s=20, Beitrag vom 25.10.2020
[392] https://twitter.com/SiBeFH/status/1320428664207691776?s=20, Beitrag vom 25.10.2020

wenn er seine Position verlassen würde, um Hilfe zu organisieren. Der Sicherheitsmitarbeiter machte im Grunde alles richtig. Er erkannte, dass der spätere Attentäter nicht in das demographische Bild eines Ariana-Grande-Besuchers passte. Dass der von ihm getragene Rucksack eher zu einem Camping-Ausflug, als zu einem Pop-Konzert gehörte. Er sah die Nervosität und das atypische Verhalten. Und dennoch hatte es sein Arbeitgeber nicht geschafft, dem Mitarbeiter so viel Selbstvertrauen und die notwendige Technik mitzugeben, dass das schlimme Ereignis hätte verhindert werden können.[393] Ähnlich äußerte sich ein zweiter Sicherheitsmitarbeiter – auch dieser hatte den Selbstmordattentäter vor der Tatbegehung gesehen und ein ungutes Gefühl gehabt. Er meldete ihn jedoch nicht, weil er Sorge davor hatte, als Rassist abgestempelt zu werden.[394]

4,3 Millionen Euro Erstattungsansprüche sind durch die Arbeiterwohlfahrt (AWO) Protect entstanden. Das Sicherheitsunternehmen – Tochter der AWO – hatte wohl bei der Bewachung von zwei Flüchtlingsunterkünften Unsummen von der Stadt Frankfurt abkassiert, um überhöhte Einkommen und Luxus-Dienstwagen zu finanzieren. Auch Landtagsabgeordnete wie der Grünenpolitiker Taylan Burcu bezogen ein Gehalt, ohne jemals für das Unternehmen gearbeitet zu haben. Gläubiger forderten von der inzwischen insolventen AWO Protect rund 2,5 Millionen Euro, der Insolvenzverwalter vom ehemaligen Geschäftsführer etwa 3,9

---

[393] https://twitter.com/SiBeFH/status/1321352152498012161?s=20, Beitrag vom 28.10.2020
[394] https://twitter.com/SiBeFH/status/1322274103768862721?s=20, Beitrag vom 30.10.2020

Millionen Euro. Die Staatsanwaltschaft Frankfurt ermittelt weiterhin.[395]

Flüchtlingsheime und die Corona-Krise hatten auch unabhängig der AWO Protect zu „interessanten" rechtlichen Auslegungen geführt. Auch in Eichenau (Bayern) kam ein Sicherheitsdienst zur Überwachung der Quarantäne-Einhaltung nach einem Corona-Ausbruch zum Einsatz. Während andere Landkreise noch versuchten das Konstrukt über Verwaltungshelfer zu argumentieren, schrieb der Münchener Merkur hier, dass die Sicherheitskräfte einem aus der Quarantäne geflüchteten Mann etwa 30 Minuten nacheilten und diesen dann in die Unterkunft zurückbrachten. Für mich ist diese Tätigkeit jenseits jeglichen rechtlichen Verständnisses eines 34a-Unternehmens.[396]

## November (Stichtag 29.11.2020)

Der Monat startete mit einem sehr traurigen Ereignis – die Stadt Wien wurde von einem Terroranschlag heimgesucht. In den frühen Abendstunden fielen in der Innenstadt nahe einer Synagoge Schüsse. Schnell kristallisierte sich heraus, dass der Angriff islamistisch motiviert war.[397] Insgesamt tötete der Angreifer vier Personen und verletzte viele teilweise schwer[398]. Beunruhigend an dieser Stelle mal wieder: Der Attentäter war während des ersten österreichischen Lockdowns als

---

[395] https://twitter.com/SiBeFH/status/1321760523650801664?s=20, Beitrag vom 29.10.2020
[396] https://twitter.com/SiBeFH/status/1322496991595810816?s=20, Beitrag vom 31.10.2020
[397] https://twitter.com/SiBeFH/status/1323354141503213568?s=20, Beitrag vom 02.11.2020
[398] https://twitter.com/SiBeFH/status/1323505260992802816?s=20, Beitrag vom 03.11.2020

Sicherheitsmitarbeiter in einem Wiener Krankenhaus eingesetzt[399].

Terrorismusexperten wiederholten ihr Mantra: Der IS ist nicht besiegt und Corona spielt den Terroristen in die Hände. Ganz Europa wäre mit der Pandemie beschäftigt, die Ordnungsbehörden mit zusätzlichen Aufgaben belastet und Gefährder könnten nicht lückenlos überwacht werden.[400] Deutschland, Frankreich und Österreich vereinbarten eine gemeinsame Initiative, mal wieder mit dem Ziel: mehr Befugnisse für Ermittler. Auch die Ende-zu-Ende-Verschlüsselung sollte – aus Sicht von Politik und Sicherheitsbehörden – „endlich" gekippt werden.[401] Dass Anschläge immer härtere Gesetze fordern, ist inzwischen ein beliebter Automatismus geworden. Österreich zeigte jedoch, dass diese auch angewendet werden müssen. Was bringen einem Durchgriffsrechte, wenn sie jedoch kaum genutzt werden und dennoch solche Angriffe geschehen? Für 2019 sah die Statistik in diesem Land wie folgt aus:

- Zehnmal großer Späh- und Lauschangriff
- 161-Mal Videoüberwachung angeordnet, aber nur 68 erfolgreich umgesetzt
- Kein einziges Mal automationsunterstützter Datenabgleich (Rasterfahndung)

---

[399] https://twitter.com/SiBeFH/status/1328732725059198976?s=20, Beitrag vom 17.11.2020
[400] https://twitter.com/SiBeFH/status/1323734735605157889?s=20, Beitrag vom 03.11.2020
[401] https://twitter.com/SiBeFH/status/1326178020063932424?s=20, Beitrag vom 10.11.2020

Müsste man also nicht erst einmal die Wirksamkeit bestehender rechtlicher Möglichkeiten durch Ausschöpfung geprüft werden?[402]

Neben der Wirksamkeitsprüfung stellt sich aber auch die Frage nach der richtigen Zielstellung des europäischen Maßnahmenpakets gegen den islamistischen Terror. Weltweit sind erneut die Anschläge durch diesen Täterkreis um 60% zurückgegangen, bei Rechtsextremisten aber um 250% gestiegen – die Todesopfer sogar um 700%. Auch wenn da sicherlich noch einmal andere Opferzahlen dahinter stehen, es belegt aber ganz eindeutig die in der wissenschaftlichen Studie von Halle angesprochene Wellenbewegungstendenz und die sicherheitsbehördliche Fokussierung.[403]

Als hätten der Anschlag von Halle, die Polizeibeamten als Redner auf Coronaleugner-Demonstrationen und eine steigende antisemitische Stimmung in Deutschland nicht ausgereicht, nahm Sachsen-Anhalt den Anschlag in Wien nun wirklich, wirklich, wiiiiiirklich mal als Anlass die Sicherheit von jüdischen Einrichtungen zu überprüfen. Also ehrlich... Versprochen![404]

Aber auch Berlin machte sich stark für ein Anti-Terror-Konzept – ja, echt! Vier Jahre nach dem Anschlag am Breitscheidplatz und keiner sicherheitskonzeptioneller Lösung wollte Berlins Innensenator nun bis Jahresende mal endlich (im Sinne Londoner Konzepte) etwas vorlegen. Der ein oder andere wird sich erinnern, dass bereits 2019 der hessische Innenminister zu Gast in London und beim MI5 war. Die

[402] https://twitter.com/SiBeFH/status/1326255317420826624?s=20, Beitrag vom 10.11.2020
[403] https://twitter.com/SiBeFH/status/1331569807435689984?s=20, Beitrag vom 25.11.2020
[404] https://twitter.com/SiBeFH/status/1324266863677837312?s=20, Beitrag vom 05.11.2020

Hauptstadt braucht halt etwas länger, um sinnvolle Konzepte als solche zu erkennen. Der Verfolgungsdruck müsste endlich mal steigen und Deradikalisierungskampagnen stärker finanziell unterstützt werden.[405] Dass beide Ideen Probleme mit sich brachten, wurde kaum erwähnt:

Sowohl beim Attentäter in Wien als auch beim Attentäter in Dresden, bei dem ein Islamist zwei Personen niederstach und erst Tage später festgenommen wurde, konnten Deradikalisierungsprogramme überlistet werden. Ich möchte nicht sagen, dass sie nicht helfen, aber sie führten in mindestens den beiden Fällen auch nicht zu dem gewünschten Erfolg. Mit dem Attentäter von Dresden wurden sogar noch nach dem Anschlag Gespräche geführt, in denen die Betreuer der Programme keine Unregelmäßigkeiten feststellen konnten.[406]

Ebenso zeigten sich auch beim Verfolgungsdruck Lücken: Die Gewerkschaft der Polizei (GdP) forderte, dass die Überwachung von Gefährdern zukünftig von Bundesbehörden übernommen werden sollte. Allein in Berlin gäbe es 88 Islamisten, die eine lückenlose Überwachung fordern würden. Dazu bedürfte es aber 2.640 Beamte, 190 MEK-Einsatzkräfte wären aber im Einsatz. Die Länder könnten diese 24/7-Überachung nicht mehr mit eigenen Kräften stemmen.[407]

Doch mit welchen Mitteln kann der Staat dann seinen Bürgern ein Gefühl der Sicherheit verschaffen? Genau das wollte die Landespolizei Berlin herausfinden. Polizeipräsidentin Barbara Slowik verkündete zum Dienstantritt 2018, dass ihr

---

[405] https://twitter.com/SiBeFH/status/1324350894134218752?s=20. Beitrag vom 05.11.2020
[406] https://twitter.com/SiBeFH/status/1324992239894994944?s=20, Beitrag vom 07.11.2020
[407] https://twitter.com/SiBeFH/status/1326082285502947329?s=20, Beitrag vom 10.11.2020

auch das Thema „subjektive Sicherheit" am Herzen läge. Der beim LKA gegründete Arbeitskreis lieferte nun mit einer ersten Studie spannende Erkenntnisse: Nicht immer mehr Bewaffnung, sondern der letzte Kontakt mit einem Beamten führe zu einem positiven oder negativen Sicherheitsgefühl. Ebenso die Quantität verbessert nicht das Bürgergefühl – kommt dazu noch eine Bewaffnung mit Maschinenpistole, bewerten das die Bürger als unsichere Lage. Erhoben wurden diese Erkenntnisse auf dem Berliner Weihnachtsmarkt Breitscheidplatz, wobei die Besucher das Auftreten in Uniform oder die Bewaffnung/Ausrüstung in der Wahrnehmung bewerten sollte. Positiv wirkte sich aber das Tragen von Warnwesten aus, der Mensch würde den Beamten bewusster wahrnehmen.[408]

In Köln wurde währenddessen ein Polizeibeamter wegen Volksverhetzung vom Amtsgericht verurteilt. Die Behörde hatte den Beamten zwar vom Staatsschutz für rechtsextremistische Straftaten entfernt, aber weiter in der Internetfahndung eingesetzt. Volksverhetzung und Internetfahndung, mega gute Idee, wenn ein Großteil der Hassreden bzw. Hasskommentare im Netz aus dem rechten Spektrum kommen.[409] Vor dem Oberlandesgericht Stuttgart sollte währenddessen der Prozess gegen die „Gruppe S." beginnen. Baden-Württemberg wurde deshalb als Gerichtsort ausgewählt, da das ursprüngliche Gründungstreffen hier stattgefunden haben soll. Insgesamt sind elf Männer angeklagt, die Anschläge auf Moscheen geplant haben sollen, um den Umsturz („Tag X") einzuleiten.[410]

---

[408] https://twitter.com/SiBeFH/status/1330059362384175104?s=20, Beitrag vom 21.11.2020

[409] https://twitter.com/SiBeFH/status/1326146933212246018?s=20, Beitrag vom 10.11.2020

[410] https://twitter.com/SiBeFH/status/1327538318406541312?s=20, Beitrag vom 14.11.2020

Der Landespolizeipräsident von Hessen Roland Ullmann – zur Erinnerung: angetreten, um das Netzwerk NSU 2.0 zu zerschlagen – schockierte dann mit einer Nachricht Mitte November: Die NSU-Drohschreiben seien zum Teil nur (und zumindest das nannte er) „unentschuldbare Dummheiten". Ein rechtes Netzwerk bei der Landespolizei gebe es aber nicht. In einigen Fällen gäbe es zwar Straftaten und rechte Gesinnung, sein persönliches Ziel wäre es jedoch, den Ruf der Polizei zu verbessern.[411] Das hatte übrigens das Landesamt für Verfassungsschutz – die Kompetenzbehörde für Rechtsextremismus – festgestellt.

Funktioniert das aber so? Oder machten es Berlin und Brandenburg nicht besser:

Offensiv kommunizierte die Polizei Berlin, dass sie 40 Disziplinarverfahren gegen ihre eigenen Beamten führen würde. Ziel müsste die Entlassung der Beamten aus dem Dienstverhältnis sein. Und diesen Weg müsste man auch dann beschreiten, wenn Gerichte nicht jeder Entlassung zustimmen würden.[412] Auch der versprochene Polizeibeauftragter sollte kommen: Kurz nach den Ausschreitungen bei einer Demonstration von Coronaleugnern beschloss der Senat, dass diese Funktion auch mit weitreichenden Eingriffs- und Untersuchungsbefugnissen (z.B. Akteneinsicht und Beamtenbefragungen) ausgestattet werde.[413]

Die Brandenburger gingen genau diesen Weg: In der ersten Instanz beim Verwaltungsgericht Potsdam mit der Entlassung eines Polizeischülers gescheitert, der das Funkalphabet mit

---

[411] https://twitter.com/SiBeFH/status/1326534725243113472?s=20, Beitrag vom 11.11.2020
[412] https://twitter.com/SiBeFH/status/1323535638692532224?s=20. Beitrag vom 03.11.2020
[413] https://twitter.com/SiBeFH/status/1329485462650679297?s=20, Beitrag vom 19.11.2020

antisemitischen Begriffen buchstabierte, bestätigte das Oberverwaltungsgericht die Entfernung aus dem Polizeidienst. Als Behörde kämpfte man für die Werte und freiheitlich-demokratische Grundordnung, für die die Polizei steht. Auch wenn man dafür in die zweite Instanz gehen muss.[414]

Beides enorm wichtige und starke Signale an den Kollegenkreis und die Gesellschaft. Und übrigens, wer immer wieder mit „ABER DIE LINKEN" kam, musste genauso enttäuscht werden: Seit dem 20. August 2019 werden politisch motivierte Straftaten von Polizeibeamten in Berlin strukturiert erfasst – und welch Wunder: Keine Linksextremen dabei![415]

In Mühlheim und Essen geriet eine Kegelgruppe aus Polizeibeamten in das Visier der Ermittler – Tatvorwurf: Volksverhetzung. Das übliche Prozedere auch hier: Keine Stellungnahme der Behörde, Wohnungsdurchsuchungen und Beschlagnahmung von Handys und anderen Datenträgern.[416] In Bremen dann am selben Tag die Berufsfeuerwehr: Rassismus, Sexismus, Homophobie und Volksverhetzung. Auch hier gaben Zeugen bei der Polizei zu Protokoll, dass ihre Vorgesetzten über die Sachverhalte Kenntnis gehabt hätten, aber nicht dagegen eingeschritten wären.[417]

Wird es also nicht Zeit dieses Phänomen nun endlich einmal unter die Lupe zu nehmen? Wenn der Horst es nicht will, macht es die Wissenschaft halt allein! Die erste Studie zu „Diskriminierungserfahrungen bei rechtswidriger polizeilicher

---

[414] https://twitter.com/SiBeFH/status/1326932274798092288?s=20, Beitrag vom 12.11.2020
[415] https://twitter.com/SiBeFH/status/1328609088398356482?s=20, Beitrag vom 17.11.2020
[416] https://twitter.com/SiBeFH/status/1331162371432263680?s=20, Beitrag vom 24.11.2020
[417] https://twitter.com/SiBeFH/status/1331314834999291906?s=20, Beitrag vom 24.11.2020

Gewalt" der Ruhr Universität Bochum hat am 11.11. ihren zweiten Zwischenbericht vorgelegt. Im Rahmen des Projektes „Körperverletzung im Amt durch Polizeibeamt*innen" sprachen die Wissenschaftler erstmalig von strukturellen Problemen und nicht von individuellem Verhalten einzelner Polizeibeamter. Das liege vor allem an der Diskrepanz zwischen der polizeilichen Wahrnehmung (alles nur Erfahrungswerte und keine rassistische oder diskriminierende Ungleichbehandlung) und den Erlebnissen von People of Color, Personen mit Migrationshintergrund und „Weißen". Auch wenn diese Studie nicht repräsentativ ist, sprechen die Erhebungen Bände![418]

Wie sollen aber auch Polizisten korrekt handeln, wenn es von ihren Dienstherren anders vorgelebt wird. Mecklenburg-Vorpommerns Innenminister Caffier musste aufgrund eines privaten Waffenkaufs zurücktreten[419]. Diese Waffe hatte er 2018 bei einem Händler erworben, der ein ehemaliges Mitglied der rechtsextremistischen Gruppe „Nordkreuz" war. Caffier hatte sich zunächst noch gegen Anfragen der Zeitung „taz" verwehrt – „Privates bleibt Privat!"[420] Nach seinem Rücktritt wollten die Sicherheitsbehörden für Aufklärung sorgen – SPD und CDU setzten sich aber mit einem Ausschluss der Öffentlichkeit des Innenausschuss durch. So funktioniert gelebte Transparenz![421]

Keinen Monat ohne Rechtsextremismus und Sicherheitsbranche: Das Amtsgericht Zwickau musste sich mit einen Sicherheitsmitarbeiter mit einem vermeintlichen

[418] https://twitter.com/SiBeFH/status/1327192356853067776?s=20, Beitrag vom 13.11.2020
[419] https://twitter.com/SiBeFH/status/1328736460720234496?s=20, Beitrag vom 17.11.2020
[420] https://twitter.com/SiBeFH/status/1327574428658651136?s=20, Beitrag vom 14.11.2020
[421] https://twitter.com/SiBeFH/status/1330409502722625540?s=20, Beitrag vom 22.11.2020

Aufmerksamkeitsdefizitsyndrom beschäftigen. Die Staatsanwaltschaft warf dem Mann vor, in mindestens 15 Fällen Hakenkreuze an seiner Wohnungstür und Briefkasten angebracht zu haben. Das Kuriose dabei: Der mutmaßliche Geschädigte zeigte die Straftaten immer selbst an. Die verdeckten Videoaufnahmen waren nicht so eindeutig, der Angeklagte gab an, dass entweder sein ehemaliger Chef oder die Polizei ihm etwas reinwürgen wollten. Nun muss das Gericht entscheiden.[422]

Ebenfalls vor Gericht stand ein 61-jähriger Sicherheitsunternehmer, dem in 30 Fällen Steuerhinterziehung und in 59 Fällen das Vorenthalten sowie die Veruntreuung von Arbeitsentgelten vorgeworfen wurde. Er wurde vom Mannheimer Landgericht zu drei Jahren Gesamtfreiheitsstrafe verurteilt.[423] Und der Zoll kontrollierte weiter und weiter: 19 Betriebe im Bereich der Gastronomie und des Sicherheitsgewerbes wurden in Frankfurt kontrolliert, sechs Festnahmen wegen illegalen Aufenthaltes in Deutschland, zwei Ordnungswidrigkeitenverfahren wegen unterlassener Aufschreibung von Stunden und fehlender mitzuführender Dokumente.[424]

Wegen eines versuchten Mordes gegenüber einem Sicherheitsmitarbeiter musste sich ein 36-jähriger vor Gericht verantworten. Dieser hatte nach dem Verwehren des Zutritts zu einer sich im Umbau befindlichen Bankfiliale durch den Kollegen einen Sprengsatz in die Filiale geworfen. Das beängstigende: Dieser Sprengsatz war nicht nur geeignet

---

[422] https://twitter.com/SiBeFH/status/1323525609436434433?s=20, Beitrag vom 03.11.2020
[423] https://twitter.com/SiBeFH/status/1323535291429376001?s=20, Beitrag vom 03.11.2020
[424] https://twitter.com/SiBeFH/status/1324327427301101568?s=20, Beitrag vom 05.11.2020

schwerste Verletzungen oder den Tod des Mitarbeiters herbeizuführen[425], sondern befand sich auch einsatzbereit in der Wohnung des Angeklagten. Die Sicherheitskraft erlitt glücklicherweise nur ein Knalltrauma.[426]

Auch die ersten Urteile zur „Krawallnacht" in Stuttgart wurden gesprochen. Nach fünf Monaten verurteilte das Gericht den ersten Randalierer zu einer Jugendstrafe von zweieinhalb Jahren. Weitere 100 Tatverdächtige warteten auf ihr Ermittlungs- bzw. auf das Gerichtsverfahren.[427]

Polizeilicher Ergebnisbericht zur Räumung der Liebigstraße 34 in Berlin: 352 begangene Straftaten (u.a. Versuchter Totschlag, Brandstiftung, Drogen-Missbrauch und Sachbeschädigungen), 99 festgenommene Tatverdächtige und 24 verletzte Einsatzkräfte. Auch der Vandalismus in diesem Zusammenhang war nicht zu vernachlässigen: Beschädigung von 42 Signalkabel mit 5.288 Kabeladern und damit 56 ausgelösten Signal-Störungen bei der S-Bahn, 26 angezündete Autos, 52 sonstige Sachbeschädigungen und 30 Graffitis.[428]

Auch wenn es nach der Räumung relativ ruhig blieb, eröffnete sich der nächste polizeiliche Schwerpunkt in der Hauptstadt. Tschetschenische Clans starteten offenbar einen Bandenkrieg gegen die etablierten arabischen Großfamilien. Waren erstere bisher eher für Handlangertätigkeiten eingesetzt, wollten diese nun ein größeres Stück vom Kuchen bekommen. Die große Herausforderung hierbei war, dass es

---

[425] https://twitter.com/SiBeFH/status/1323919256585719808?s=20, Beitrag vom 04.11.2020
[426] https://twitter.com/SiBeFH/status/1323909292920131584?s=20, Beitrag vom 04.11.2020
[427] https://twitter.com/SiBeFH/status/1326207501323407360?s=20, Beitrag vom 10.11.2020
[428] https://twitter.com/SiBeFH/status/1324275701994967040?s=20, Beitrag vom 05.11.2020

sich um ein neues Clan-Phänomen handelte: Die tschetschenische Gruppierungen sind stärker über Deutschland verteilt (nicht so ortsfest wie arabische), dafür jedoch über Bundeslandgrenzen mobil. Ein Problem für die Landesbehörden, die bei der innerdeutschen grenzüberschreitenden Kriminalität nicht immer glänzten. Die Mitglieder der vordrängenden Organisation fielen aber vor allem durch ihre Brutalität auf, sie machten auch vor Unschuldigen nicht Halt.[429] Medienwirksam soll es dann Mitte November zu einem Friedensgespräch in Berlin gekommen sein. Zunächst hieß es noch, dass es unter dem Segen der Berliner Polizei erfolgte[430]. Relativ schnell distanzierte sich diese dann aber davon und von einer generellen Kenntnisnahme der Geschehnisse. Ein bekanntes Gesicht der Berliner Sicherheitsszene soll die Verhandlungen eingeleitet haben.[431]

Lockdown light und immer wieder kleine Nadelstiche der Ordnungsbehörden. Am 02. November waren 6.000 Einsatzkräfte der Bundespolizei im Einsatz, um ihren Beitrag zur Pandemiebekämpfung zu leisten. Insgesamt wurden 2.989 Personen bei einem Verstoß gegen die Landesverordnungen belehrt und in nur 26 Fällen ein Bußgeldverfahren eingeleitet. Diese Unwuchten und die damit verbundene Selbstverständlichkeit der Maskenverweigerer mit einer mündlichen Belehrung davon zu kommen, trug zu den

---

[429] https://twitter.com/SiBeFH/status/1326227835997052929?s=20, Beitrag vom 10.11.2020
[430] https://twitter.com/SiBeFH/status/1326511278693683200?s=20, Beitrag vom 11.11.2020
[431] https://twitter.com/SiBeFH/status/1326800356500713472?s=20, Beitrag vom 12.11.2020

ansteigenden Zahlen in Deutschland sicherlich auch Rechnung.[432]

Erschwerend kam hinzu, dass sich nun Gerichte mit den Coronaverordnungen beschäftigten mussten. Der Ausgang war nicht immer im Sinne der Pandemie bzw. im Sinne des großen Ganzen. Das Amtsgericht Dortmund urteilte, dass ein Grundrechtseingriff dieser Härte nicht durch Verordnungen, sondern ausschließlich durch förmliches Gesetz mit Beteiligung des Landtages erfolgen dürfte. Ein 61-jähriger war in ein Widerspruchverfahren gegen einen Bußgeldbescheid wegen Verstoßes gegen die Kontaktbeschränkungen im März 2020 gegangen. Dieses Urteil – noch nicht rechtskräftig, da die Staatsanwaltschaft Beschwerde einlegte – sorgte für Aufregung: Auf der einen Seite für Begeisterung bei den Coronaleugnern, gleichzeitig aber auch für Angst bei Menschen, die ein zweites Italien kommen sahen, wenn das ein Referenzurteil werden würde.[433]

In Österreich hatte das Landgericht Wien die Umsetzung der Coronamaßnahmen durch private Sicherheitskräfte im ÖPV gestärkt. Geklagt hatte ein vermeintlicher Geschädigter nach der Verfahrenseinstellung gegen drei Mitarbeiter der Wiener Linien, die diesen an dem Betreten einer U-Bahn ohne eine entsprechende Mund-Nasen-Bedeckung gehindert hatten.[434]

Es benötigte immerhin fast ein dreiviertel Jahr, dass alle Institutionen langsam wach wurden und feststellen mussten, dass Schwurbler und Leugner in allen Gesellschaftsschichten zu finden sind. Und vor allem, dass man nur gemeinsam

---

[432] https://twitter.com/SiBeFH/status/1323709043026862080?s=20, Beitrag vom 03.11.2020
[433] https://twitter.com/SiBeFH/status/1323888489075822592?s=20, Beitrag vom 04.11.2020
[434] https://twitter.com/SiBeFH/status/1327574702747947009?s=20, Beitrag vom 14.11.2020

dagegen vorgehen kann. Die Berliner Ärztekammer rief dazu auf, dass Arztpraxen, in denen die Maskenpflicht nicht umgesetzt werde, an die Kammer gemeldet werden sollten. 130 Fälle von coronaleugnenden Ärzten wurden berufsrechtlich geprüft (es drohen Geldbußen bis zu 10.000 Euro), in etwa 20 Fällen wurde bereits die Staatsanwaltschaft wegen Patientengefährdung eingeschaltet.[435] Ob das aber so hilfreich ist, wenn eine Staatsanwältin am Berliner Kriminalgericht Moabit selber in der ersten Reihe bei mindestens einer Anti-Corona-Demonstration stand und im Netz Verschwörungserzählungen verbreitet, ist aber fraglich.[436] Aber auch ich musste lernen: Hatte ich hinsichtlich der Fragestellungen auf eine kontinuierliche Versetzung bei Polizisten zur Verhinderung eines Abrutschen in solche Kreise noch danach gefragt, warum diese Form der Radikalisierung von Staatsanwälten, Richtern und Sozialarbeitern nicht passiert, wirkte das nun etwas zynisch.[437]

Das Oberverwaltungsgericht Düsseldorf ließ übrigens in diesem Zusammenhang ein Verbot einer Corona-Demonstration auf Basis einer Gefahrenprognose zu. Es scheint also, dass die Erfahrungen mit dem Mobilisierungspotential, der Interaktion mit Gegendemonstranten und dem Versammlungsfluss inzwischen (im Gegensatz zu Berlin im August) einen Einfluss auf die Rechtsprechung haben könnte.[438]

---

[435] https://twitter.com/SiBeFH/status/1326451356970921985?s=20, Beitrag vom 11.11.2020
[436] https://twitter.com/SiBeFH/status/1327207019309363202?s=20, Beitrag vom 17.11.2020
[437] https://twitter.com/SiBeFH/status/1327209319637651456?s=20, Beitrag vom 13.11.2020
[438] https://twitter.com/SiBeFH/status/1330898912966811650?s=20, Beitrag vom 23.11.2020

Kurzer Abstecher auf die Museumsinsel und zu dem größten Angriff auf Kulturgüter der Nachkriegsgeschichte Deutschlands: Die Schlammschlacht ging weiter. Jeder wollte seinen Kopf aus der Schlinge ziehen. Die Direktion gab an, dass man die 1,3 Millionen Euro für Sicherheitsmaßnahmen nicht bewilligt bekommen hatte, Monika Grütters hingegen argumentierte: Warum auch, man habe nicht einmal die 6,4 Millionen Euro an Bauunterhaltsmitteln aus 2019 abgerufen.[439] Hinzu kam, dass die beschädigten Kunstwerke zu einem Großteil wohl auch nicht versichert waren. Versicherungsexperten gaben zu bedenken, dass diese Praxis beim Bund üblich sei, lediglich bei den Kommunen käme regelmäßig eine Versicherung in Betracht. Aber auch hier würde man mehr und mehr einen Sparzwang sehen, sodass vor allem für Dauerausstellungen Versicherungspolicen gekündigt würden. Restaurationen und die Wiederherstellung bei Beschädigungen in dieser Form wären gar nicht das Problem, jedoch würden Angriffe jeglicher Art zu einer langfristigen Wertminderung führen.[440]

Sehr überraschend kam die Rücknahme des Berufungsverfahrens durch die Staatsanwaltschaft gegen einen MAD-Mitarbeiter. Diesem war vorgeworfen worden, dass er „Hannibal S." und Gründer des Netzwerkes Uniter über eine anstehende Durchsuchung gewarnt hatte. Dies hatte Hannibal S. auch öffentlich ausgesagt. Dazu passte ein Treffen zwischen ihm und dem Beschuldigten in einem Terrorverfahren kurz vor der Durchsuchung. Nun hatte der MAD bekanntgegeben, dass der Geheimdienst ein Leck beim Generalbundesanwalt vermutete, aus dem die Warnung erfolgte. Eins zeigte das Verfahren noch einmal: Die Verknüpfungen, das Infiltrieren

---

[439] https://twitter.com/SiBeFH/status/1323928932517879809?s=20, Beitrag vom 04.11.2020

[440] https://twitter.com/SiBeFH/status/1323966394698997761?s=20, Beitrag vom 04.11.2020

und Unterlaufen staatlichen Sicherheitsorgane ist keine leere Worthülse, sondern beängstigende Realität.[441]

Und dann der Paukenschlag in den frühen Morgenstunden des 17. Novembers: Etwa 1.600 Polizeibeamte aus Dresden und Berlin durchsuchten im Zusammenhang mit dem Einbruch in das Grüne Gewölbe Büro-, Geschäfts- und Privaträume der Berliner Clan-Familie Remmo[442]. Gegen vier Clan-Mitglieder, darunter Wissam Remmo – verurteilt und aktuell in Revision gegen das Urteil zum Einbruch in das Bode-Museum – erließ das Oberlandesgericht Dresden Haftbefehle[443], zwei Tatverdächtige konnten sich durch Flucht entziehen[444]. Die Beweislage gegen die Verdächtigen ist laut Oberstaatsanwalt erdrückend, unter anderem sei DNA an den Tatorten gefunden worden.[445] Zwischenzeitlich lobte die Dresdener Staatsanwaltschaft ein „Kopfgeld" von bis zu einer halben Million Euro für Hinweise aus, die zur Ergreifung der beiden Flüchtigen führte. Auch Interpol fahndete international nach den beiden Remmo-Brüder.[446]

In den Clan-Kreisen entstanden heroische Geschichten: Bei dem polizeilichen Zugriff hätte man deshalb keine Beweise gefunden, weil die Zivilbeamte zuvor aufgefallen waren oder man gewarnt wurde und daher alle Beweise entsorgt werden konnten. Interessanterweise gab es keine Geschichten, die den

---

[441] https://twitter.com/SiBeFH/status/1325794963985227778?s=20, Beitrag vom 09.11.2020

[442] https://twitter.com/SiBeFH/status/1328652946452729857?s=20, Beitrag vom 17.11.2020

[443] https://twitter.com/SiBeFH/status/1328653328910266368?s=20, Beitrag vom 17.11.2020

[444] https://twitter.com/SiBeFH/status/1328716347342249984?s=20, Beitrag vom 17.11.2020

[445] https://twitter.com/SiBeFH/status/1329369284942958592?s=20, Beitrag vom 19.11.2020

[446] https://twitter.com/SiBeFH/status/1332031153507807233?s=20, Beitrag vom 26.11.2020, https://twitter.com/SiBeFH/status/1332316019004747778?s=20, Beitrag vom 27.11.2020

Kunstraub nicht diesen Personen zuschob.[447] Offen blieb aber, ob die Clan-Verdächtigen erneut von Insidern mit Informationen versorgt wurden. Ins Visier der Ermittlungen waren bereits frühzeitig vier Sicherheitskräfte geraten, zwei davon durch private Anzeigen. Von Amts wegen ermittelte die Staatsanwaltschaft weiter gegen zwei Angestellt, auch hier sollen Informationen zur Alarmanlage oder Handlungen bei der Alarmauslösung den Einbruch begünstigt haben. Die Haftbefehle hielten jedoch nicht nach den angeordneten Wohnungsdurchsuchungen, ebenso wie der dringende Tatverdacht, auch wenn das Verfahren weiter aufrecht erhalten wird.[448]

Relativ schnell nach diesen Nachrichten meldete sich die Generaldirektorin der Dresdener Kunstsammlungen und betonte ihre Forderung zur Einführung von Taschenkontrollen in allen Museen. Beim Einlass. Als Reaktion auf Vandalismus und zur Diebstahlprävention. Bei offenen Sammlungen, auf die jeder Besucher mit der Hand zugreifen kann. Keine Pointe.[449] Genauso wenig ein Witz: Monika Grütters bezeichnete die Sicherheitsvorkehrungen in deutschen Museen als „auf hohem Niveau"[450]. Die Hoffnung stirbt bekanntlich zuletzt: Bei den Staatlichen Kunstsammlungen Dresden geht man weiterhin davon aus, dass einige Stück der gestohlenen Juwelen zurückkehren. Wer glaubt, dass ein professioneller Clan

---

[447] https://twitter.com/SiBeFH/status/1329429880438738945?s=20, Beitrag vom 19.11.2020

[448] https://twitter.com/SiBeFH/status/1329707540180070403?s=20, Beitrag vom 20.11.2020

[449] https://twitter.com/SiBeFH/status/1328728615060729856?s=20, Beitrag vom 17.11.2020

[450] https://twitter.com/SiBeFH/status/1329054760750682118?s=20, Beitrag vom 18.11.2020

Juwelen stiehlt, die er dann nicht weiterverkaufen kann und sie dann zurück gibt, glaubt auch an den Weihnachtsmann[451].[452]

Dieses Urteil des Verwaltungsgerichts Münster war mindestens genauso „fett": Die Gemeinde Ascheberg hatte Recht bekommen, nachdem ein Sicherheitsdienstleister gegen die Feuerwehr-Kosten eines Fehlalarms geklagt hatte. Der Dienstleister alarmierte – nachdem es ihm nicht möglich war den Ansprechpartner des Kunden zu erreichen – nach Auslösung einer Brandmeldeanlage die Feuerwehr. Diese stellte vor Ort keinen Brand fest und stellte den Einsatz in Rechnung. Das Gericht begründete diese Vorgehensweise so etwas von praxisfern: „Eine Vorprüfung könne erfolgen, indem Mitarbeiter des Sicherheitsdienstes vor Ort vorbeischauten, eine Funkstreife geschickt oder durch technische Hilfsmittel (Kamera) die Gefährdungslage aus der Distanz beurteilt werde. Eine telefonische Verifikation sei möglich. Dazu müsse der Angerufene aber erreicht werden und Angaben zur Lage machen können. Aus Sicht des Gerichtes verfüge ein Sicherheitsdienst über technische Möglichkeiten, einen Alarm zu überprüfen, damit objektiv überflüssige Feuerwehreinsätze vermieden würden."[453]

Nach sieben Jahren kam in Berlin das erste Mal wieder der Wasserwerfer zum Einsatz. Nach Demonstrationen am 18.11. rund um den Reichstag, kam es zu massiven Aggressionen seitens der Demo-Teilnehmer. Interessanterweise kamen ca. 90% der anwesenden Coronaleugner, Rechten und „besorgten

---

[451] https://twitter.com/SiBeFH/status/1330462624677568512?s=20, Beitrag vom 22.11.2020

[452] SecNews 48 - Chronik Einbruch Grünes Gewölbe:
https://twitter.com/SiBeFH/status/1330754200414904320?s=20, Beitrag vom 23.11.2020

[453] https://www.wn.de/Muensterland/Kreis-Coesfeld/Ascheberg/4314558-Verwaltungsgericht-Muenster-hat-entschieden-Sicherheitsdienst-muss-Gemeinderechnung-begleichen, / Beitrag vom 18.11.2020

Bürger" überhaupt gar nicht aus der Bundeshauptstadt. Dass die Auseinandersetzungen eskalierten und die Polizei ein härteres Durchgreifen forcierten, zeigten die 365 festgenommenen Demonstranten.[454] Hatten es die Protestierenden letztes Mal im August nur bis auf die Treppe des Reichstags geschafft, gelangten sie diesmal ins Innere des Parlaments. Drei AfD-Abgeordneter hatten vier „Besucher" eingeschleust, die im Live-Stream Abgeordnete während der Bundestagsdebatte zum Infektionsschutzgesetz filmten, bedrängten und beleidigten. Der Ältestenrat prüfte daraufhin rechtliche Maßnahmen gegen die AfD-Abgeordneten – u.a. könnte § 106 StGB „Nötigung von Mitgliedern eines Verfassungsorgans" bzw. die Beihilfe dazu greifen.[455] Der YouTuber Rezo schaffte es mit einem Video erneut der Gesellschaft und dem Staat einen Spiegel vor die Augen zu halten: Sehr detailliert schlüsselte er auf, mit welchen unterschiedlichen Mittel und in welcher Härte die Polizei gegen Covidioten und Gegendemonstranten vorgegangen war.[456]

Manchmal sind meine Wünsche ganz bescheiden: Statt der Pressemeldung "Ein Wachmann der Berliner Polizei ist als Fahrer eines Drogentaxis gefasst worden[457]", nur einmal: "Heute keine Vorkommnisse, jeder hat einfach seinen Job gemacht."

Am Morgen des 25. Novembers fuhr – bereits zum zweiten Mal seit 2014 der gleiche Fahrer – eine Person in den Zaun des Bundeskanzleramts. Mit den seitlich aufgeschriebenen Parolen:

---

[454] https://twitter.com/SiBeFH/status/1329388207818072065?s=20, Beitrag vom 19.11.2020

[455] https://twitter.com/SiBeFH/status/1329454322904657921?s=20, Beitrag vom 19.11.2020

[456] https://twitter.com/SiBeFH/status/1330848888228618242?s=20, Beitrag vom 23.11.2020

[457] https://twitter.com/SiBeFH/status/1331324861738790914?s=20, Beitrag vom 24.11.2020

„Stop der Globalisierungs-Politik" und „Ihr verdammten Kinder und alte Menschen Mörder" hatte der Fahrer aus dem Landkreis Lippe in Nordrhein-Westfalen den Weg auf sich genommen, um kaum einen Schaden anzurichten.[458]

Und dann auch noch das: Das Oberverwaltungsgericht Bremen bestätigt (formal) ein Urteil des Bundesverwaltungsgerichts, was erneut eine juristische Niederlage der DFL bedeutete. Das Grundsatzurteil – Revision wurde nicht mehr zugelassen – entschied, dass die Hansestadt grundsätzlich das Recht und damit die Möglichkeit besitzt, Kosten für Bundesliga-Spiele dem Verein Werder Bremen in Rechnung zu stellen. Mit dieser Rechtssicherheit ziehen die anderen Innenminister nun hoffentlich nach.[459]

**Ihr wollt mehr vom Autor lesen oder hören? Dann gibt es hier noch zwei Empfehlungen:**

---

[458] https://twitter.com/SiBeFH/status/1331535236598009858?s=20,
https://twitter.com/SiBeFH/status/1331539485146931208?s=20,
https://twitter.com/SiBeFH/status/1331668610557874176?s=20, Beiträge 25.11.2020
[459] https://twitter.com/SiBeFH/status/1331624798527623169?s=20, Beitrag vom
25.11.2020

Taschenbuch : 154 Seiten
ISBN-10 : 3750497281
Herausgeber : BoD – Books on Demand; 2. Edition (23.
Oktober 2020)

**Oder jede Woche als Podcast „Die Sicherheitsphilosophen" auf YouTube, Spotify oder über dort, wo es Podcasts gibt**